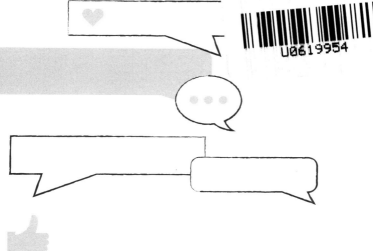

社交媒体心理学

万物心理学书系

[爱尔兰] 卡兰·麦克马洪
Ciarán Mc Mahon

著

陈丽

译

上海教育出版社
SHANGHAI EDUCATIONAL
PUBLISHING HOUSE

目　录

致　谢

这本书的出版离不开许多人的帮助。我要特别感谢埃莉诺·里迪（Eleanor Reedy），她在整个创作过程中给予我巨大的支持和协助。同时，我也要感谢她的助理亚历克斯·霍华德（Alex Howard）和前任助理伊丽莎白·兰金（Elizabeth Rankin）。我还要向露西·肯尼迪（Lucy Kennedy）和她的前任迈克尔·斯特朗（Michael Strang），以及制作编辑凯蒂·黑明斯（Katie Hemmings）表示感谢。凯蒂向我介绍了"万物心理学书系"，我很荣幸能为这个书系作出贡献。

我一直梦想能由享有盛誉的劳特利奇（Routledge）出版品牌出版我的作品，每次互动都让我离梦想更近一步。从初次接触到最终完稿，劳特利奇出版品牌都展现出其专业性，团队成员不断鼓励作者，深入了解作者的需求和想法。

我要感谢审阅这本书的四位匿名审稿人，他们的建议极大地提高了这本书的质量，其宝贵意见是这本书得以出版不可或缺的助力。

借此机会，我要感谢所有社交媒体用户，你们的日常行为为我提供了一个不可思议的研究主题。我相信这本书能帮助你们更好地理解和使用社交媒体。我还要特别感谢我在 Twitter[1]、Facebook[2] 及其他社交媒体上的关注者，多年来，你们激发了我无尽的好奇心，这是无价的。

另外，我要向书中提及的网络服务的设计师和工程师表示感谢，希望这本书能让你们的工作更轻松。

我要感谢所有被引文献的作者，你们的著作给我带来灵感，使我抵达我以前认为不可能抵达的思想境界。

我要感谢父母、家人和岳父母对我的爱和支持。

---

[1] 2023 年 7 月更名为 X。书中引用的研究及相关论述出现于 Twitter 更名前，故本书采用原名。——译者注
[2] 2021 年 10 月更名为 Meta。书中引用的研究及相关论述出现于 Facebook 更名前，故本书采用原名。——译者注

我想起一句话——"我的荣耀在于拥有这样的朋友"，这里也要感谢我的朋友。我的书终于出版了！感谢你们的耐心等待。

我要将这本书献给我了不起的妻子海伦，没有她，就不会有这本书——我全心全意需要你。

这本书也献给我们优秀的儿子——休和托马斯，二者皆卓越，荣耀亦相当（*Ambo pares virtute, pares et honoribus ambo*）。

第一章　导言

　　这本书探讨社交媒体心理学（psychology of social media）①。我们试图解释那些广受追捧、令人着迷的社交媒体服务是如何渗透进我们的日常生活和现代文化中的。我们将探索以下问题的答案：

● 我们如何在社交媒体刻板的个人资料页面塑造自己的身份？为什么在社交媒体上展现"真实的自我"如此费力？为什么一些人觉得篡改他人账号②很有趣，而另一些人对此很反感？我们能否在匿名环境中做自己？

● 我们与泛泛之交建立联系有何益处？哪些社交媒体服务最适合维持真挚的友谊？我们能建立

的社交关系是否有数量上限？我们如何同时与多人交谈？我们如何避免引发错失恐惧症③？

● 为什么我们在状态更新中说出一些在现实世界中不敢言说之事？为什么我们明知存在隐私风险，却仍然在状态更新中公开大量私人信息？如果我们的更新随着时间的推移逐渐隐去，会不会更好？多年后，所有历史更新仍然存在，你会有何感受？

● 分享阅后即焚的图片有什么意义？为什么人们会在社交媒体上分享带有定位信息的照片？为什么人们喜欢直播自己的生活？在网上发布大量自拍就能交到朋友吗？

● 当某人回复私信很慢时，这意味着什么？隐晦推文（subtweeting）适合什么时候使用？为什么人们有时会在你的个人页面公开留言，有时又会私下发信息呢？为什么有些人更喜欢即时通信而非社交媒体？

心理学和社交媒体有一个共同点，那就是人人皆有自己的观点。每个人都有自己的心理学经验，都会对观察到的人类行为有所推测，社交媒体亦然——每个用户都对自身体验有一套理论。你可能思考过上述问题，也有自己的想法。虽然在这样一本篇幅不大的书中，我们无法对这些问题给出全面回答，但你在这本书中能读到的绝不仅仅是单一维度的评判。社交媒体是一个非常宏大的现象，无法简单地给出👍/👎的评判。本书是一本简洁而精练的学术读物，旨在挑战你的既定观念，引导你更深入地探究这些独特话题的微妙之处。

何为社交媒体？

整本书的框架是根据社交媒体最常见的功能来设计的，包括个人资料、社交关系、动态更新、多媒体内容和即时通信。虽然大多数人一看到社交媒体服务就能知道它们是什么，但要详细描述起来就不那么简单了。

"社交媒体"与"社交网络"这两个词经常被混用。实际上，"社交网络"的概念早在互联网出现之前就已存在，它指的是一群彼此认识或以某种方式关联的人。我们都有自己的社交网络，包括我们的朋友、家人和同事，这些网络会与其他人的网络有所重叠并相互影响。技术并不是社交网络的必要条件，哪怕动物、植物也有自己的社交网络。这个术语在社会科学领域已经使用多年，但随着分析统计技术的发展，到了20世纪90年代，这一术语更加流行了。

在此期间，互联网在美国开始普及，很快遍及世界各地。千禧年末，一场被称为"Web 2.0"的变革推动用户生成内容，这意味着网站变得更具互动性和用户友好性。紧接着涌现出许多服务，类似我们今天在社交媒体上看到的各种形式的服务，如论坛、虚拟社区、在线约会等，为人们提供了更多上网、提升心理素质和互相交流的渠道。

大多数情况下，用户当时只能与已经认识的人建立联系，之后一个重要的转折点出现了，SixDegrees.com [1] 开始允许其用户浏览他们朋友的社交网络，根据个人资料筛选，然后向他人发送建立连接的请求，即使

_____

[1] SixDegrees.com 是一个早期的社交网络网站，建立于1997年，是最早的社交网络之一。它的名称来自"六度分隔理论"，即认为任何两个人之间都只需要通过不超过6个中间人就可以建立联系。该网站允许用户创建个人资料，与其他用户建立联系，形成一个虚拟的社交网络。该网站当时很受欢迎，于2001年关闭。——译者注

不知道对方的邮箱。

当时的互联网用户似乎没有完全准备好接受这种形式，他们或许觉得与陌生人建立联系存在一定风险，该网站没几年就关闭了。但后来，这个基础理念逐渐流行起来，被其他很多平台效仿，如 Friendster 和 Tribe。这些是最初的社交网络服务，就好比在商务会议上，你可以与素未谋面者建立联系。

到了 2010 年前后，随着分享照片和视频的功能普及，"社交媒体"这个词开始受到越来越多的关注。有些网站明确将自己定位为分享特定形式内容的数字媒体平台，如 Last.FM 用于在线分享音乐，YouTube 用于分享视频，Flickr 用于分享照片。使用"社交媒体"这个词有助于将这些网站与主要关注构建社交网络的网站，如 Friendster、Myspace 和 Bebo 等区分开来。

不过，这种区分方式现在已不再适用。几乎所有以前被分类为构建社交网络的网站，现在都支持其用户分享多种形式的数字媒体内容。"社交网络网站"或"社交网络服务"这些表述有些过时了，但其相关服务与"社交媒体"在本质上相同。

有时你还会听到 Twitter 或 LinkedIn 被称为"社交

网络"。为什么说这是错的？原因很简单，这种说法混淆了社会学概念和技术服务。试想，如果 Twitter 真能覆盖整个人类的社交网络，其规模将多么庞大，这不可能实现。同样，如果我们把 Facebook 称为"社交网络"，就意味着所有 Facebook 用户之间都有实质关联。这显然也不符合现实。类似地，社交媒体服务自称为"社区"时，也是在过度扩展这个概念，毕竟几亿用户的规模怎能仅称为一个社区呢？

况且，世界上有谁的完整社交网络——比如说，与他们经常互动的每个人——是固定在某个特定的社交媒体平台上的？我对此深表怀疑。因此，我们要注意避免过度简化：社交网络和社交网络服务之间存在重要差异。

社交媒体从何而来？

许多社会都有某种"自我技术"，人们用它来使自己的生活井然有序。例如，在罗马时代，学者们使用备忘录（hypomnēmata）来记笔记、书写格言，反思自己的日常生活。这些备忘录没有特定的顺序或结构，主要目的是帮助记忆。这种自我技术以日记的形式延续下来，人们在日记中表达和反思自己的思想、感受和经历。自我技术中也有许多涉及互动和社交，例如罗马天主教徒的忏悔以及各种咨询和心理治疗方法。所有这些都是自我技术的不同形式，是普通人根据他们的信仰（无论是什么）来安排自己生活的技能。

社交媒体不仅仅是历史上某种自我技术的延续，它也发展出独有的特征，这些特征是在 21 世纪的特定背景下形成的。一个明显的特点是其公开性，这正是社交媒体最有意思的谜团之一：虽然社交媒体非常私密，就像日记或自传，但本质上它又是一种公共传播载体，就像电视或报纸。其中蕴藏的心理学现象非常有趣，也让我们对它的核心价值有更多的了解。各平台的宗旨虽不相同，但大多基于一个非常简单的理念：让我们彼此连接和分享。

因此，我从心理学的角度对社交媒体下了定义：社交媒体是鼓励用户将私人信息数字化并公开分享的在线服务。技术本身，如电子邮件、电子邮件列表和即时信息，并没有激发用户公开私人详细信息的强烈欲望。

举个例子，如果你在任意一个社交媒体服务上创建一个账号，但拒绝提供私人信息或发表观点，你就可能觉得索然无味。如果你在 Facebook 上不上传自拍照或不点赞任何内容，试试看你能坚持多久？所有社交媒体服务都在不断诱惑用户透露私人信息，这吸引了大部分人，就说明我们乐在其中。社交媒体服务引擎的燃料正是人类的心理。

全球社交媒体图景

虽然社交媒体最初植根于美国，但这并不意味着它们没有在全球各地以各种本土形式和规模出现过。一般认为，SixDegrees、Ryze 和 Friendster 等网站是最早的社交网络网站，都起源于美国，很快风靡全球。英国有 FriendsReunited，日本有 Mixi，韩国有 CyWorld，波兰有 Grono.net，阿根廷有 Taringa!，德国有 StudiVZ，中国有 QQ 空间（Qzone），还有许多其他的社交媒体网站。但最知名的仍然是美国的社交媒体，如 Facebook、YouTube、Twitter、Instagram、

LinkedIn、Myspace、Snapchat 等。

许多本地化的社交媒体生存艰难，欧洲本土的社交网络网站现在几乎都已经停业。值得注意的是，一般来说，离美国越远，本地化的社交媒体捆绑其他不相关服务功能的可能性就越大。我指的不仅仅是聊天室或即时信息，还包括游戏和购物。例如，俄罗斯的 VK 允许分享音乐，中国的微信允许用户支付账单。不少非美国的主流社交媒体试图打造"一站式"在线平台，这可能是它们的存续之道。

社交媒体还有个特点，就是它们几乎都属于各式各样的营利性质的公司。与一些传统媒体（如英国广播公司）不同，没有哪个社交媒体是国有的；与互联网上一些最受欢迎的服务（如维基百科）亦不同，没有哪个社交媒体属于非营利机构或慈善组织。

在 21 世纪头 10 年，几乎每周都有新的社交媒体网站出现，是社交媒体的黄金时代。后来这种浪潮消退，如今只剩下几个大型社交媒体平台，其余的几乎都退出了舞台。像 Ello、Peach 和 Sararah 这样的新平台虽进入人们的视野，但没有一个有持久影响，不过是昙花一现。现在的社交媒体明显同质化。

我们如何研究社交媒体？

如前所述，明确社交媒体的定义非常重要，但本书的其他内容也值得关注。当我们谈论心理学时，它一般有双重含义，既可能指一个人的心理特质，包括智力、情绪、态度和行为，例如即使外星人并不存在，如果我提到"外星人心理学"，你还是能大致理解我在说什么；也可以指对这些心理特质的科学研究。心理学是一个学术领域，包含科学方法论和临床实践，以及不同研究者所做的研究。

在讨论社交媒体如此复杂的课题时，心理学作为一个主题和心理学作为一门科学之间的区别是非常关键的。例如，当我谈论"社交媒体心理学"时，我是在谈论我们如何主观地体验社交媒体，还是在谈论如何通过科学方法研究这种体验？第二个问题的答案自然可以帮我们更好地理解第一个问题，但它也可以构建并影响第一个问题，这主要取决于两个因素——反身性（reflexivity）和可观测性（observability）。

与化学不同，心理学的研究对象会很介意他们被描述成什么样子。液体并不在乎被记录为50毫升还是

60毫升，但是求职者会在乎他们的智商得分是110还是125；我们可以把液体倒入量杯以获得精确数字，心理现象却难以掌控和理解。

为了深入理解社交媒体心理学，我们需要进行细致的研究，尝试各种方法。本书后续章节引用的研究包含标准的或传统的社会科学研究方法，以及更新的、更具技术性和计算性的研究方法。前者包括调查、实验和焦点小组，后者涉及机器学习、情感分析和自然语言处理。

这两种方法各有优缺点。调查、实验和焦点小组都需要花费大量时间，因为这些方法通常需要人们积极参与，并依赖参与者如实报告自己的经验，这就是所谓自我报告数据的问题。相比之下，新方法更便捷，因为它们使用的是已经存在的社交媒体数据。要做到这一点，需要使用应用程序编程接口（application programming interface，简称API）来连接社交媒体。这类接口由社交媒体平台构建并控制，它能让研究者纳入比使用传统方法所能想象的更多的参与者。

但有个关键问题是，传统的社会科学研究方法得到稳定、成熟的伦理实践的加持，而在技术研究领域，伦理问题仍然是极具争议的话题。像知情同意这样的问题特别具有挑战性，因为社交媒体用户很少意识到他们正在参与计算研究项目。

纷争经常一触即发，这也触及反身性和可观测性。如果人们是某个平台的用户，他们可能觉得有争议的社交媒体研究会直接影响他们的体验，这一点无可厚非。况且，验证这些有争议的研究会很困难，因为最有价值的数据由社交媒体平台严格管控。

当我们试图寻找关于心理学或社交媒体的可靠信息时，我们会遭遇重重困难。目前已经有很多社交媒体心理方面的研究，这些研究涵盖面虽广，但深度不够。换句话说，我们还没有多少研究成果是由不同的科学家团队利用开放数据和混合方法在相当长的时间内反复论证得出的。一切都还存在争议。

例如，有数百项关于美国大学生使用 Facebook 的心理学调查研究，这看起来过分关注某一特定的社交媒体平台。虽然我极力避免，但它反映了现有研究文献构成的现实。如果我们有更多关于其他平台的研究就好了，但我们没有，因此我们在作推断时必须谨慎再谨慎。

关于本书

在接下来的各章，我们将通过分析社交媒体最常见的特性，来研究其在心理层面对人的影响。第二章将研究"个人资料"，我喜欢称之为"我们在互联网上的私人角落"。这一章将提到我们如何在社交媒体上表达身份，以及我们为了尽可能展现真实自我作出的努力。第三章将研究"社交关系"，也就是我们在社交媒体上与朋友、家人和其他有趣的人建立的联系。我们从这些联系中得到了什么？我们又如何知道他们是否也在关注我们？接下来是第四章"动态更新"，即我们在社交媒体上发布的文字，它让与我们建立联系的人知道我们在特定时间思考着什么。从这个角度看，这一章将探讨如何在社交媒体赋予我们的公开表达和我们对隐私的需求之间寻找平衡。然后，我们将进入第五章"媒体"，我们将讨论照片和视频如何营造"临场感"，以及它们对社交的影响。在第六章"即时通信"中，我们将讨论社交媒体的一个不太明显但至关重要的服务——允许用户发送私信或私聊。这一章将探讨文本信息如何产生与面对面交流完全不同的情感效果。最后，在第七章"价值"中，我们对社交媒体心理学进行全面反思。这一章还将探讨我们在社交媒体上将自我商品化意味着什么，以及我们将如此多的心理数据交给算法，究竟换得了什么。

第二章　个人资料

　　个人资料页面可能是社交媒体最吸引人的功能。我们初次创建账号时，肯定会花费大量时间介绍我们自己。选择恰当的用户名，编辑"关于我"的内容，挑选个人资料照片——构建得体的数字化自我形象很重要，是不是？

　　这就是社交媒体的魅力——允许你在互联网上创建自己的小角落，你可以照着自己希望被看到的样子装点自我。尽管表达自我是人之所好，但从心理学的角度来看，这其实是一个极其复杂的过程。当你谈论自己时，能否做到准确无误？你描述的是真实的自己，还是你渴望成为的那个人？在社交媒体的世界，伪造人设是轻而易举之事。有人甚至会说，社交媒体的全部意义就在于能让我们塑造一个理想自我。

因此，本章的核心内容是讨论当我们试图在社交媒体的个人资料页面真实地塑造自我形象时，如何协调和平衡这类服务带来的各种可能性及困境。

案例研究：大马士革的同性恋女孩

2011年，社交媒体革命在西方世界掀起热潮，我们将深入研究其中一个令人不安且心痛的插曲，以及这个插曲如何深化了我们对个人资料页面的心理学研究。我们会提到一个博客，它涉及一个特殊的案例，有助于我们洞悉社交媒体的本质。

对记者来说，用户生成内容带来巨大的便利。他们无须远赴他处面对面采访，只须在互联网上找到被采访的对象并提问，他们甚至都不用离开办公室。因此，当一个用英文精心撰写、文笔流畅，声称是一位当地年轻女性执笔的博客[①]出现在叙利亚革命期间时，所有媒体都争相报道。这个博主的网名叫"大马士革的同性恋女孩"，自称是一位35岁的叙利亚裔美国女性，她在那年二月横空出世。她的名字是阿米娜·阿拉夫（Amina Arraf），在叙利亚陷入内战时，她积极参与反政权的抗议活动。

这是个很有说服力的故事，因为阿米娜的美式英语极其纯熟；她声称在美国长大，时常会提及她在美国的童年经历。她对叙利亚革命期间生活的详细报道使她的叙述变得更富有戏剧性，其中一篇题为《我的英雄父亲》②的博文尤为引人入胜。她写自己在一个深夜惊醒，安全部队要带走她，她的父亲挺身而出，据理力争，最终成功说服他们改变主意。阿米娜不同寻常的故事引发各大知名媒体的广泛报道，包括《时代》（Time）③、《卫报》（The Guardian）④、《华盛顿邮报》（The Washington Post）⑤和英国广播公司的《新闻之夜》（Newsnight）⑥节目。

很快，"大马士革的同性恋女孩"的真实身份就被揭穿，一切不过是一场骗局⑦。可能是作者厌倦了继续伪装这个身份，她的博客上出现了一篇博文，据称是阿米娜的表亲发的，宣称阿米娜被安全部门绑架了。到了这个节骨眼，阿米娜早已在一些地方成为热点人物，这篇博文直接把她推上舆论的风口浪尖——也许这并非作者的初衷。美国国家公共广播电台（National Public Radio，简称NPR）的安迪·卡文（Andy Carvin）等记者在Twitter上不断发声，[⑧]互联网上使用"释放阿米娜"（#Free Amina）标签的活跃用户遍布全球。这么一来，阿米娜的故事引起更广泛的关注，短短几天内，人们就确认阿米娜并不是叙利亚裔美国女同性恋博主/活动家。全世界的人都在她的个人资料页面上寻找蛛丝马迹，试图推测她身处何方，但人们不断发现，很多信息的细节并不符合逻辑。之后，一位名叫汤姆·麦克马斯特（Tom MacMaster）的40岁美国白人研究生通过"大马士革的同性恋女孩"博客账号承认，所有帖子都是他杜撰的，人们得知真相后当然极其震惊和愤怒！他说自己对中东局势非常关心，但他以自己的身份在线上参与讨论这些问题时遭到"抵制"[⑨]，因而创造了"阿米娜"这个角色，最终演变成"一场失控的骗局"[⑩]。

那么，我们可以从社交媒体个人形象的塑造中学到什么呢？在网上讲述一个令人信服但虚假的个人故事是相当容易的，至少在一段时间内可以伪造人设，但关于我们是谁的弥天大谎迟早会被发现。在社交媒体上塑造的自我形象会带来持续性心理压力：撒谎很容易，可我们惧怕被揭穿。这里也涉及其他一些因素，如个人资料页面的固定格式、自我表达和花费的精力。

"近似真实的我"

在最早的一项社交网站研究中，艾丽斯·马威克（Alice Marwick）[11] 对 Friendster、Myspace 和 Orkut 的用户如何展示自己进行了深入调查。尽管这篇发表于 2005 年的论文所使用的社交媒体术语现在看来有些过时，毕竟到撰写这本书时只有 Myspace 仍在运营，但论文中的观点至今仍具有深远的意义。

马威克首先注意到，社交网站都有固定的个人资料格式：有一个专门用于填写名字的区域，一个"关于我"的文本框用于自我描述，以及一个上传个人照片的区域，等等。这些格式都无法更改，有些网站甚至只有在上传个人照片后才能继续下一步操作，再或者就是不断地提醒你还有未完善的信息。同样，"关于我"的文本框会有字符限制——你不能在个人资料页面上长篇大论地描述自己。

马威克强调了一个关键点，即社交网站坚持要求用户使用真实身份。尽管不同社交媒体平台的要求存在差别，但都要求用户使用真实信息注册，如使用真名，这与早期的网络交流方式大相径庭，那时候人们大多使用假名或者匿名。在不同社交媒体平台上，每个用户只被允许拥有一个账号，该账号必须准确地反映用户身份，不得偏离真实自我。这种个人资料的"固定性"带来心理上的困扰：如果我不确定我是什么样的人怎么办？如果网络实名危及人身安全怎么办？

正如马威克观察到的，尽管社交媒体希望用户的身份是固定的，但用户另有考量：我们并不总是想做自己！有趣的是，她还注意到，在这方面，Friendster、Myspace 和 Orkut 之间存在差异。看起来，一个网站上存在多少"假冒者"主要取决于网站提供的个性化设置或社区功能。个性化设置意味着我们有更大的权限根据自己的喜好定制体验，而社区功能可能涉及兴趣小组或论坛功能。例如，Myspace 允许其用户使用 HTML 代码自定义其个人资料页面，因此假冒者相对较少。Orkut 的个人资料页面虽然格式固定，但也很少有假冒者，马威克认为这是因为 Orkut 开放了很多社区功能。

回头看看麦克马斯特的事件，这一点就颇具深意：如果他能在 Orkut 中找到合适的讨论中东局势的社区，他就不会觉得有必要伪造"阿米娜·阿拉夫"的账号。

相比之下，Friendster 个人资料页面的个性化设置程度很低，社区功能也很少，马威克认为，这就解释了为什么 Friendster 上会有那么多的"假冒者"。这些"假冒者"不仅仅包括讽刺性质的恶搞账号，还有专门为地点、虚构角色和名人等创建的账号。人们喜欢在社交媒体上扮演他者。

在接下来的几年里，Friendster 的运营方担心这些虚假账号会降低该平台的内在价值，因此开始大规模、持续性地删除这些账号。20—21 世纪之交，这种清理活动导致 Friendster 用户大量流失，随后被 Facebook 赶超。具有讽刺意味的是，为了扭转这种下滑趋势，2004 年 Friendster 创建了朗·伯甘蒂（Ron Burgundy）和维罗妮卡·科宁斯通（Veronica Corningstone）这两个虚构的电影角色的账号，来为电影《王牌播音员》（*Anchorman*）[12] 做宣传。

随着 Friendster 的逐步衰落，Facebook 快速崛起。尽管 Facebook 的个人资料页面的格式也是固定的，但它起源于一个封闭的大学社区，因此在推行实名制方面并未遇到太大的阻碍。然而，这并不意味着其用户能轻松自如地表达自我。

在 2008 年的一篇关于 Facebook 的研究论文中，赵、格拉斯穆克和马丁（Zhao，Grasmuck，& Martin，2008）[13] 对 Facebook 的用户资料进行了内容分析。他们记录了随机抽取的 Facebook 用户的详细信息，想要深入理解这些用户在 Facebook 上如何塑造自己的身份。他们推测，与公告板那种老旧的、充斥着假账号、曾耗费用户大量时间用来自我描述的方式不同，Facebook 用户在实名制平台上会以不同的方式展现自我。

在 Facebook 上，用户可以在"关于我"这一部分自由发挥。但令人惊讶的是，在赵等人分析的个人页面中，只有不到 8% 的人真的填写了，且大多数人只写了一两句话。人们并不喜欢在社交媒体上很直接地坦露自我，难道 Facebook 用户担心，越坦露自我，就越可能不知不觉中滑向"阿米娜式虚构"，最终身败名裂？

如果是这样的话，社交媒体用户如何表达自我呢？这一分析的结论是，用户在 Facebook 上构建自己的身份时，更愿意"展示而非宣称"。这意味着他们喜欢用自拍照、留言墙链接以及参加的兴趣小组等间接方式，含蓄地表达自我。

顺便说一句，这项研究是在 Facebook 著名的"点赞"按钮发明之前进行的，你可以看出"点赞"为什么会流行起来，它让 Facebook 用户可以无声地表态。这与马威克早些时候关于社交网络"固定性"的观点吻合。Facebook 的个人资料页面是僵化的，但用户会以其他方式表达自我。

最后，赵等人得出的结论是，一个人的身份并非固定不变，而是随着社交情境变化，在线上和线下，以及在不同的社交媒体平台上，表达方式皆不同。也就是说，在社交媒体上保持真实需要付出努力。

当我们分析其他平台时，这是一个值得关注的点。在 2016 年对 Last.FM 和 Facebook 的芬兰用户进行的一项研究中，乌斯基和兰皮宁（Uski & Lampinen，2016）[14] 探讨了真实身份问题——他们称之为"个人资料管理工作"。在这项定性研究中，他们询问了这两个平台的用户如何在个人页面展示自我。

尽管 Last.FM 主要是一个音乐网站，但它也具备一些社交媒体功能，尤其是它的个人页面发布功能异常有趣。在 Facebook 等大多数社交媒体平台上，用户需要主动在个人页面上分享内容，但 Last.FM 有自动分享功能，用户在平台上听的任何音乐都会立即同步到个人页面。一旦音乐响起，你的所有联系人都将看到你正在听什么音乐。正如乌斯基和兰皮宁在他们的焦点小组中发现的，这为音乐发烧友带来一系列新问题：如果你是一个音乐潮人，却偶尔喜欢听一点 ABBA[1] 的音乐呢？

有位用户在谈到他所做的"个人资料管理工作"时，提供了更多详细信息。他有时喜欢听黑胶唱片，但这显然无法同步到他的 Last.FM 账号上。为了解决这个问题，他在播放黑胶唱片时会在电脑上也播放同样的音乐（音量调低），这样他的个人页面就会相应更新，朋友们就能随时看到他正在听什么音乐。

研究者由此注意到社交媒体上存在的吊诡现象：为了在个人页面上展示一个真实的自我，用户往往需要

---

[1] ABBA 是一支瑞典的流行乐队，成立于 1972 年。其音乐风格多元，包括流行歌曲、舞曲和民谣等。ABBA 是乐队成员名字首字母的缩写。——译者注

耗费额外的精力，这反而催生不真实感。这就是"大马士革的同性恋女孩"人设穿帮的原因吗？——维持这种虚假人设太费劲？对我们来说，情况亦如此？我们是否也在社交媒体上"伪造真实"？

这就引出社交媒体心理学中一个更令人困惑的现象——"隐私悖论"[⑮]。在一篇深度分析的论文中，巴恩斯（Barnes，2006）观察到，在社交媒体革命初期，一个新的社会规范已经形成。尽管大多数人声称自己重视隐私，但他们同时在其个人页面发布大量私人信息。巴恩斯在探讨这个悖论时，以青少年发现父母知道了他们在网上的行为后深感惊讶为例，但这个悖论显然可以用在更多地方。在 Last.FM 上，用户在努力维护一个真实且酷炫的个人页面时，是否忘记了他们在网上分享了多少个人信息？这同样适用于 Facebook 用户，他们上传了大量私人信息，就为了展示他们是谁。

这种社交媒体心理学的独特性将是我们在接下来的各章中要深入探讨的主题。本质上，隐私悖论来源于个体心理与社交媒体的社会化和公开化之间的冲突，它催生了认知与行为的割裂。

关于个人账号

考虑到个人页面的固定格式、自我表达困境和形象维护成本，我们就很容易理解为什么社交媒体用户会选择完全规避这些问题。这就催生了两类现象：临时或一次性账号，以及完全没有个人资料的匿名账号。

我们先来看一下亚历克斯·莱维特（Alex Leavitt）2015 年 [16] 关于临时账号的论文。这项研究关注的网络平台是 Reddit，这是一个总部位于美国的新闻聚合网站，具有社交媒体功能。莱维特使用网络爬虫，在 Reddit 上搜索并收集了所有提及"临时"一词的帖子，以便更好地理解这种现象。

莱维特发现，使用临时账号发帖的用户，往往会强调他们之所以不使用常规的 Reddit 账号发帖，主要是担心自己发表的言论会被追溯，关联到他们的真实身份。例如，人们经常使用临时账号问一些人际关系问题，这些问题可能涉及令人尴尬的细节。另外，一些临时账号会揭发雇主不道德或非法的商业活动。令人震惊的是，只有一个结果具有统计学意义：相比男性，女性使用临时账号的可能性高出 154%，这在某种程度上折射出 Reddit 的性别政治生态。

对 Reddit 用户来说，临时账号具有宣泄功能，让他们可以毫无顾忌地说出心中的故事。这让人回想起麦克马斯特以阿米娜的身份发帖的故事——他觉得自己不能以真实身份发表对中东局势的观点，因此伪造了一个身份。如果他能使用"即用即弃"型账号，也许就不必身败名裂，但这已经偏离我们的主题。

有趣的是，莱维特指出，Reddit 明确允许创建临时账号。[17] 他确信这是一项造福用户的举措，有明显的心理益处，其他社交媒体也不妨考虑一下。

这也说明，我们能在社交媒体上真实表达自我是多么重要。如果我们只被允许使用单一身份，还需要提交真名实姓的个人资料，一旦这些数据被他人掌控，我们会觉得隐私权被侵犯了。

让我们探索一项关于篡改他人资料的心理学定性研究[18]。研究者对 46 位 18—70 岁的苏格兰成年人进行半结构化访谈，他们被分为三组：年轻人、新手父母和退休人员。蒙克尔（W. Moncur）及其同事对"未经授权篡改他人资料"的行为很感兴趣。当用户离开电脑或智能手机时，如果社交媒体账号仍然处于登录或未锁定状态，他人就可以随意发帖和篡改资料。研究者将 Facebook 和 raping 两个词汇合并，创造出一个新词"fraping"（恶搞他人账号），用来描述这种现象。"恶搞者"会在受害者的个人页面发布一些滑稽的帖子，或者把他们的个人资料改得啼笑皆非。虽然被称为"恶搞"，但本质上是一种嬉戏行为，与网络欺凌或黑客攻击等更恶劣的行为还是有区别的。

蒙克尔等人关注与这种现象相关的社会规范：社交媒体用户如何定义这种现象？谁会参与其中？他们认为这些恶搞者应该受到什么样的惩罚？令人惊讶的是，不同群体对恶搞行为持不同的看法。总的来说，只有年轻人会参与其中，并认为这是一种幽默互动，新手父母和退休人员对此毫无兴趣。

虽然人们通常认为社交媒体是"年轻人的主场"，但这不是我们从这项研究中得出的结论。参与这项研究的退休人员在社交媒体上都相当活跃，有些人还有"小号"，这说明并非他们不了解社交媒体，也不是缺乏幽默感。实际上，这是有关身份的实验，探索的是新的自我形象。当然，这在年轻人中接受度更高，毕竟人们预期在准备生孩子之前我们就已经知道自己是谁了。

值得注意的是，蒙克尔等人发现，年轻人认为的"好玩""有趣"的恶搞行为并不是一眼就能看出来的，而是巧妙地表现出受害者的个性。换句话说，这种巧妙的恶搞足以以假乱真、混淆视听。也许这就是许多人内心的隐秘渴望：有人能接管我们的社交媒体账号，把我们打造得更有趣。正如前文提及的，社交媒体用户不喜欢直白地描述自己，也许让别人代劳会更轻松？

有时我们可能想彻底抛弃个人资料，但没有了固定框架，没有了"关于我"，没有了临时账号，或是处于危险的情况下，我们还能做自己吗？匿名账号的心理学原理又是什么？

令人惊讶的是，当研究人员研究像 4chan 这样的臭名昭著的图片分享网站时，他们发现这个网站虽然完全没有个人页面，但实际上复杂的身份认同过程也具有相应效果。[19] 大多数社交媒体平台已经不允许匿名发布，人们可能会认为这是因为这个功能没什么用，但匿名发布在 4chan 上颇具妙用。这是如何做到的呢？

2010 年伯恩斯坦（M. S. Bernstein）及其同事花了

两周时间分析了从 4chan 收集的近 600 万篇帖子，他们在这些匿名帖子中发现了一些有趣的模式。虽然 4chan 的用户可以通过提供所谓"旅行码"（tripcode）来证明自己是多个帖子的作者，但伯恩斯坦等人发现，这种方式在 4chan 上并不流行——实际上，只有 5% 的帖子包含这样的码。相反，4chan 的用户已经发展出一种复杂的文化来展示他们的身份。

例如，匿名发帖者可以上传一张照片来证明他们是谁，照片上有一张写有时间和日期的纸，这种做法被称为"时间戳"。此外，4chan 的老用户善用各种技巧来区分自己和新手。这不仅包括熟练掌握独特行话，还包括能够复制复杂的符号——如果简单地复制和粘贴，这些符号就不能正确显示。这在一定程度上印证上文中赵等人早期的发现：4chan 上的匿名用户必须找到其他方式来表明自己的身份。

正如伯恩斯坦等人所论述的，尽管 4chan 完全不设个人页面，但它能支撑起一个非常活跃的社区。这一现象将引出下一章的主题，即在社交媒体上我们如何与他人建立联系。

小　结

社交媒体的个人资料揭示了非常多样且复杂的心理机制，表达我们的身份绝不是一个简单的过程。

虽然"大马士革的同性恋女孩"这个骗局告诫我们，完全虚构的故事很难长期维系，但它也让我们意识到，保持真实是多么困难的一件事。社交媒体个人资料的固定格式影响我们的自我表达方式，当自定义功能受限，就会出现更多的"假冒者"。我们倾向于在 Facebook 上"展示而非宣称"我们是谁，我们不喜欢直白地表露自我。填写个人资料会令人疲惫，这促使我们思考：在刻意经营与真实呈现之间该怎么平衡？界限究竟何在？

因此，我们有时会规避在社交媒体上填写个人资料，尤其是当我们需要在线讨论某些事情，又不希望被他人知道我们的真实身份时，临时账号就成为利器。与此同时，我们会利用社交媒体个人资料尝试和探索不同的身份，但这种行为只在年轻人中被普遍接纳；对年纪较大的人来说，他们不太认同此类行为。即使在匿名状态下，我们仍可以找到某种方式证明自己是线上社区的成员，维持所声称的身份的真实性。

第三章　社交关系

　　用户创建社交媒体账号后，下一个任务可能就是与其他用户建立社交关系。从朋友到粉丝，对许多人来说，社交媒体的核心就在于公开连接彼此。

　　社交媒体为普通人提供了大量接触受众的机会，且是免费的，只需要点击几下按钮就可以实现。但是，一切真这么简单吗？我们的受众有多真实？我们需要付出多少努力来建立我们的网络联系？我们需要付出什么代价才能接触到他们？关键问题在于，我们需要考虑和评估在一个特定的平台与大量不同的人建立社交关系的好处和可能的坏处。

案例研究：冰桶挑战

"冰桶挑战"常被誉为社交媒体最成功的案例之一。这个活动最初只是一个看似愚蠢的恶作剧，但它为一项有意义的事业筹集了大量资金。对社交媒体的历史进行准确回溯确实很困难，[1] 但在"冰桶挑战"广为人知之前，它就已在 Facebook 上流行了一段时间。[2] 这个活动的形式一开始就确定了：有人在 Facebook 上发布视频，宣布他们接受挑战，然后往自己头上倒一桶冰水，一边尖叫一边点名好友在 24 小时内效仿；如果不接受挑战就给特定的慈善机构捐款。

冰桶挑战与"肌萎缩侧索硬化"［amyotrophic lateral sclerosis，也被称为卢·格里克病（Lou Gehrig's Disease）[1]］建立关联，是从佛罗里达州萨拉索塔的克里斯·肯尼迪（Chris Kennedy）开始的，他的一个朋友向他发起冰桶挑战。[3] 肯尼迪选择将肌萎缩侧索硬化协会（Amyotrophic Lateral Sclerosis Association）作为他的募

---

[1]　卢·格里克（Lou Gehrig）是一位美国职业棒球运动员。他的名字也与一种罕见的神经系统疾病——肌萎缩侧索硬化（故亦被称为"卢·格里克病"）相关，因为他在职业生涯结束后不久被诊断出患有该疾病。——译者注

款慈善机构，点名他的一个亲戚接受这个挑战，这个亲戚的伴侣正遭受这种疾病的折磨。这一挑战不仅在肯尼迪的大家庭和朋友中流行起来，而且在肌萎缩侧索硬化协会的支持者中广为传播。协会中的许多人都在他们的社交网络中积极宣传这个挑战。据报道，到7月底，肌萎缩侧索硬化协会的捐款数量开始激增。不久后，包括马克·扎克伯格（Mark Zuckerberg）在内的许多名人都收到了挑战书。

虽然一些分析人士认为，并非所有发布视频的人都捐款了，但我觉得这并不是重点。挑战的规则是，视频中被点名的人必须在24小时内给自己浇一桶冰水，否则就要捐款。如果有人太忙，无法制作视频，或者害怕冰冷的水，可以直接打开钱包（即捐款），这就是该挑战的基本逻辑。实际上，如果有人真的给自己浇了一桶冰水，就不需要捐款了。当然，事实并非如此。

随着该挑战的迅速流行，相关视频在社交媒体上传播带来的"正能量"让人们忽略了捐款可以豁免冰水浇头这一原本的规则。不少参与这个挑战，还给自己浇了冰水的人依然捐了钱，甚至有许多没被点名的人也慷慨解囊。

至2014年9月初，与冰桶挑战相关的视频在Facebook上的发布量超过1 700万，有超过4.4亿人观看了这些视频。④ 随着夏季接近尾声，用冰水将自己淋个透的想法变得不那么吸引人，这个活动的热度骤降。肌萎缩侧索硬化协会最终收到超过1亿美元的捐款，这些捐款推动了研究并取得突破。⑤ 这还不包括其他慈善机构，它们也筹集到大量资金。冰桶挑战因而成为无数更多"挑战"的范本，其他慈善机构和公益组织也希望利用社交媒体网络连接尽可能多的人。

结合型和桥接型社会资本

抛开文化现象，在社交媒体上结识一些可能并不熟悉的人，我们能得到什么呢？这个问题的答案可能涉及资源和支持的话题。

2007年，密歇根州立大学的一篇有关社交媒体的论文被广泛引用。在研究⑥中，埃利森、斯坦菲尔德和兰普（Ellison，Steinfield，& Lampe，2007）关注Facebook如何影响用户的心理健康，他们特别提到

"社会资本"这一概念：我们认识的人越多或越少，我们获取或失去的有价值的信息和机会就相应增加或减少。社会学家通常基于两种类型的社会资本——结合型社会资本和桥接型社会资本进行研究。前者指人们从亲密关系中获得的资源，如家人和好友——那些愿意为你做任何事情的人；后者指泛泛之交提供的资源——那些可能提供信息，但不会提供情感支持的人。虽然结合型社会资本比桥接型社会资本更有价值，但一般来说，我们与前者的联系比与后者的联系少。

研究人员向参与者提出一些关于他们如何使用Facebook的问题，如他们在Facebook上有多少朋友，他们在过去一个月里在Facebook上花了多少时间。研究人员还询问参与者是否同意一些观点，比如"我会自豪地告诉人们我在使用Facebook""如果有一段时间没有登录Facebook，我就会感到与世界脱节"，以及"如果Facebook关闭，我会感到遗憾"。研究人员将参与者对所有这些问题的回答汇总在一起，用来衡量他们使用Facebook的"强度"。

埃利森等人发现，"Facebook使用强度"与建立和维护桥接型社会资本有显著关联，但与结合型社会资本的关联相对较弱。例如，你可能几年前曾经遇见过某人，在 Facebook 上添加他为好友，但实际上没有再次见面的意愿。然后有一天，他在社交媒体上发布了你感兴趣的工作广告。如果没有通过 Facebook 建立这种联系，你就无法获取这种资源。不过，这篇论文没有显示出 Facebook 上的人脉对于建立更深入、更有意义的关系有多大帮助。

回到冰桶挑战活动，你通常不会邀请那些与你建立桥接型社会资本关系的人参与。你可能点赞他们的视频，他们也会点赞你的，但你只会点名那些与你有结合型社会资本关系的人。

有趣的是，这些关联只在 Facebook 使用强度方面展现出来，在互联网整体使用情况上并未发现。你必须在网上与人互动才能积累社会资本，如在 Facebook 这样的社交媒体上。不难看出，对埃利森及其团队所研究的群体来说，Facebook 是非常有用的。Facebook 使大学生能够以低成本方式维持与家乡高中朋友的友谊，同时结识新同学。从心理学角度来说，这是一个非常巧妙的工具。

但是，事情会这么简单吗？2007 年以来，情况发生过变化吗？西英格兰大学的研究人员最近发表的一篇论文⑦提供了一些新见解。这些研究人员也对社会资本感兴趣，但他们的研究关注较新的社交媒体服务Snapchat。就像2007年埃利森等人一样，皮韦克和乔因森（Piwek & Joinson，2016）在2016年进行用户调查。他们注意到Snapchat的"瞬时性"带来研究方法上的挑战。要知道，Snapchat的主要特性是阅后即焚，即接收者查阅图片后，该图片即刻消失。内容都没了，还怎么研究？

埃利森等人要求参与者谈论他们使用Facebook的情况，这次的研究有所不同，参与者被要求关注他们最近收到的Snapchat信息，其他方面与埃利森等人所做研究类似。他们也以大学生群体为研究对象，借鉴"Facebook强度量表"衡量Snapchat的用户使用强度，使用的问题基本相同。跨研究中这种测量方法的借鉴是很有用的，这可以让我们有效比较两项研究的结果。

令人惊讶的是，皮韦克和乔因森的研究发现，Snapchat的使用与结合型社会资本有密切关联，但与桥接型社会资本的关联较弱，这与埃利森等人的研究形成鲜明对比。也就是说，Snapchat更适用于亲密的人际关系，而非泛泛之交。皮韦克和乔因森认为，这种情况是多种因素造成的。一方面，他们注意到，参与者说自己用 Snapchat 与少数好友交流——好友的数量肯定远远低于 Facebook 上普通朋友的数量；另一方面，皮韦克和乔因森认为，Snapchat 提供了一个比 Facebook 更亲近、更私密的交谈环境。这再一次印证不同的社交媒体平台可以根据用户不同的互动方式提供不同的心理体验。

插句题外话，这项研究是在 Snapchat 的 "Snapstreak" 功能流行之前进行的。在 2016 年 3 月推出的 Snapchat 新版本[⑧]中，如果用户每天都互相发送 Snaps，用户名旁会出现火焰图标及持续互动的天数。这种游戏化设计鼓励用户发展亲密友谊，以累积结合型社会资本。但实际上，你能和多少人保持这种高频互动呢？接下来，我来讲一个关于大猩猩群体和它们头骨大小的奇特故事。

小团体和社交情境

我们在社交媒体上建立的社交关系数量引发我们

对进化心理学中一个更知名的概念的思考。1992年，人类学家罗宾·邓巴（Robin Dunbar）发表了一篇颇具影响力的论文 [9]，主题是人类近亲物种大脑的大小。这项研究的目的是探讨灵长类动物的新皮层大小与其社交群体大小之间是否存在关联。值得注意的是，邓巴的研究表明，狐猴等灵长类动物的大脑和社交群体的确比大猩猩小；大猩猩有更大的大脑，也有更大的社交群体。这就是"社会大脑假说"，这个假说虽然不算严谨——比如对红毛猩猩来说就不适用，红毛猩猩似乎生活在比它们的大脑大小所对应的小得多的群体中——但我们依然可以从这个关联中推断出，大脑的大小会影响社交群体的大小。根据我们的大脑大小，人类的社交群体应该有多大呢？邓巴认为，答案是150人左右。当然，这是一个平均值，邓巴将其定义为"以自我为中心的社交网络"。此后，这个平均值被称为"邓巴数"。

人类自然社交群体规模这个观念对心理学来说只是一个有趣的发现，但对社交媒体研究来说，这个发现非常重要和引人关注，尤其是150人这个数值。在后续研究中，邓巴证明了人类的社交网络还包括大约15人的"亲友团"（sympathy group）以及5人的"支援组"（support clique）。"亲友团"就是我们所说的亲密朋友，至少每月会与他们联系一次；"支援组"是我们会依赖的人，可以提供情感支持。我们不能仅仅关注"邓巴数"这个大群体，还应该关注我们社交网络中的其他重要群体。

这里的核心问题是，社交媒体功能如何突破了我们显而易见的神经认知限制？社交媒体是否提高了我们的社交效率？邓巴在2016年的一篇论文中直接回应了这些问题，他进行了两次调查，调查对象是数千名英国成年人。[10]

邓巴发现，他的大多数调查对象的个人社交网络的确大约包含150人；在这150人中，确实有一个大约15人的亲友团，以及一个大约5人的支援组。令人相当惊讶的是，这些调查对象在社交媒体上的联系人数量对这些数字的影响不大。换言之，尽管社交媒体用户与更多的人建立了联系，但这并没有帮助他们获得更多的亲密友谊——亲友团和支援组的规模基本上保持不变。

邓巴的研究表明，尽管社交媒体能使我们更方便地与许多人建立联系，但这并不意味着我们能因此获得更多的情感支持。与人建立有意义的联系仍然需要投入时间。

值得注意的是，虽然没有大量研究将前文提到的"社会资本"概念与邓巴数关联起来，但这些发现彼此契合：社交媒体也许能帮助我们增加人脉，但未必能提高人脉的质量。邓巴指出的最后一点值得我们深思：社交媒体服务允许我们将所有关系汇聚一处，但通常不支持按重要性对其排序或分类。

当然，也许我们自己并不想公开这样做。曾几何时，用户们在 Myspace 上痛苦地选择该将哪些人放入好友"Top 8"中，而这个名单会公开显示在个人页面上。这就引导我们从另一个角度去思考在社交媒体上与大量人建立联系产生的影响：不仅要关注人类的神经认知限制，还要处理社交管理难题。

社交媒体的一个潜在不利因素是，用户可能希望将他们的联系人分成不同的圈层。你可能不介意在 LinkedIn 上与你的老板互相关注，但如果他在 Facebook 上向你发送添加好友请求，你就会感到不适。我们希望不同的社交媒体好友之间保持一定的边界，这是一种非常正常的期望，要实现这一点却相当困难。在实际操作中，要维护这些边界并不容易，正如马威克和博伊德（Marwick & Boyd, 2010）所指出的，我们会遭遇"情境崩塌"。⑪

马威克和博伊德在其2010年的论文中采用了一种独特的研究方法：他们在Twitter上询问用户其推文是为谁写的。社交媒体上的交流的核心困境是，尽管我们有很多关注者，但我们不能确定在特定时间有谁在关注我们。因此，马威克和博伊德引入"想象的受众"的概念。在日常对话中，我们无法确切知道我们的言论会被如何传播，或者谁在偷听我们的交谈，在社交媒体上这个问题更为突出。试想一下，你的关注者中有多少人可能在线，他们会将你发布的推文转发给谁，你可能会出现在什么搜索结果中？你真的很难想象到底是谁在阅读你的推文。

马威克和博伊德的调查参与者对"为谁发推文"的问题给出一些出人意料的答案。回顾第二章中关于身份的讨论，有几位参与者表示，他们的推文是为了一个我们可能想不到的受众写的——他们自己。这个回答很有意思，马威克和博伊德认为，"有意识地迎合受众应被视为不真实"。这可能是2010年Twitter这一平台的特点，但一些社交媒体用户首选的受众是自己，这一点值得玩味。

一些 Twitter 用户，特别是那些拥有大量关注者的用户，会将其受众视为粉丝，或者是一个社区，或者是广播听众，或者是一群政治见解一致的人。无论用户的关注者多寡，都会面临同一个问题：他们无法细分受众，因此不得不用一种"最小公约数"[1]的方式发布一些四平八稳、平铺直叙、不容易冒犯他人的推文。

马威克和博伊德对他们的调查结果做了如下解读：参与调查的人在处理这些问题时，通常会采取两种策略中的一种，即要么选择规避某些话题，用自我审查的方式避免冒犯他人；要么在发布专业内容时分享一些个人生活，以此平衡形象。换句话说，一部分用户刻意塑造"真实、可亲"的形象以迎合关注者。后一种策略更耐人寻味，让我们再次意识到在社交媒体上展示真实自我有多难。马威克和博伊德的研究说明，虽然像 Twitter 这样的社交媒体创造了人与人之间新的连接，但它也带

---

[1] 这里的"最小公约数"是指在社会或群体中的最低普遍标准或最基本的共同特征。这个用语也常用来指代迎合大众口味或能够吸引最广泛受众的事物或内容。——译者注

来新的矛盾，甚至带来冲突。

人际连接与冲突

当我们深入、全面地反思我们在社交媒体上的人际网络时，研究关注者之间的关系是一件很有趣的事情。除了朋友，我们在社交媒体上的一些关注者可能彼此相识，有些会骚扰我们，有些则保持沉默。我们对他们的心理状态了解多少？

例如，当我们在社交媒体上谈论儿童和育儿等相关话题时，会普遍担忧遭遇网络欺凌。以往的研究主要关注与欺凌行为相关的个人因素和心理因素，很少有研究会深入探讨社会因素和结构性因素。也就是说，我们能否仅根据一个人的性格、年龄或性别来解释他们为什么会成为欺凌者？我们是否应该关注他们在学校的朋友圈和小团体中的地位？欺凌者在他们的社交网络中为何有着独特地位，是值得深入探讨的问题。有篇论文[12]值得一读，因为它证实了本书第一章中区分概念的重要性。这篇论文讨论了社交网络，实际上没有明确讨论任何在线服务，因此你可能会质疑我根本不应该在一本关于社交媒体的书中提到它，但它显然揭示了我们对社交媒体上人际网络的心理学理解存在局限性。

在这项研究中，费斯特尔和匡特（Festl & Quandt，2013）在教育领域采取了一种可能被认为相当标准的社会科学研究方法——他们让德国高中生填写问卷。与许多类似的研究项目一样，他们关注这些高中生的个人特征，如年龄、性别、性格，以及使用电脑的频率，是否曾被卷入网络欺凌事件。不同寻常的是，他们在问卷中还关注一些结构性问题，如让高中生列出自己最好的朋友。这些信息使他们能了解学校中的社交网络，发现有哪些小团体、每个高中生相对受欢迎程度和存在哪些互惠互利关系。可以看到，有些高中生出现在"最好的朋友"名单上的次数比其他高中生多得多。

更重要的是，这些结构性数据揭示了许多关于网络欺凌的发人深省的问题。除了个体因素，如青少年中女性比男性更可能成为网络欺凌受害者之外，对结构性因素的分析还展示出一些意想不到的结果。网络欺凌的施害者和受害者的受欢迎程度通常比其他高中生低，但这个规律并不适用于另外一类人——那些既是施害者又是受害者的高中生，他们比仅为施害者或受害者的高中生更受欢迎。

有趣的是，费斯特尔和匡特认为，虽然在统计上并不显著，但这些既是施害者又是受害者的高中生在整个社交网络中处于奇特位置。这群高中生社交结构关系的直观图示表明，这类高中生往往是小团体之间的纽带，但不是任何一个小团体的核心。这一角色既使他们对不同的小团体具备一定影响力，又使他们更容易受到任意一个小团体的排斥与攻击。可见，当我们研究像欺凌这样的侵犯行为在网络上如何发生时，我们还有许多未知之处需要探索。费斯特尔和匡特直白地指出，如果不考虑这些结构性因素，对网络欺凌的解读就无法让人信服。

这些都是存在实际互动的社交关系，如果你认为，没有互动就没有有趣的事发生，那就错了。接下来要谈及的研究深入揭示了社交媒体背后暗藏的玄机：欢迎进入"错失恐惧症"（FOMO）[1]的奇妙世界。普日贝尔斯基（A. K. Przybylski）及其同事早期关于这个话题

---

[1] "FOMO"是"fear of missing out"的缩写。——译者注

的一篇论文至关重要。他们开发了一个检测"错失恐惧症"的问卷，将其用在三项研究中。[13] 这个问卷的最终版包括诸如"当我度假时，我会继续关注我的朋友在做什么"等问题。普日贝尔斯基等人对错失恐惧症与其他心理问题的关联感兴趣，即它与动机、情绪和行为有何关联。他们发现，年轻人，特别是年轻男性，比年轻女性更有可能经历错失恐惧症；它还与个人在自主性、归属感和能力等方面的心理不满足有关。换句话说，如果你感觉自己缺乏独立性，与他人欠缺亲近感和能力不足，当你使用社交媒体时，你可能会承受错失恐惧症的折磨。你是否觉得，这与"保持真实自我"这一社交媒体深层次的困境有异曲同工之处？

我们在社交媒体上发布内容之前，最好三思而后行。即使我们发布的内容是积极的或快乐的，我们也无法确定它会给关注者带来什么样的感受。特别是那些正努力在世界中寻找自己位置的人，可能会觉得我们看似完美的生活使其难以承受。我们将在下一章中更深入地讨论关于动态更新的话题。

小 结

在本章中，我们看到了社交媒体具有的复杂价值，其影响并不是立竿见影的。虽然冰桶挑战印证了社交媒体连接你我的力量，但一旦推进到个人层面，情况就会更复杂。我们发现，对大学生来说，Facebook 能帮助他们拓展人脉，却无助于发展亲密关系。在 Snapchat 这个平台上，情况却恰恰相反：Snapchat 更适合维护亲密关系，而不是发展泛泛之交。你需要根据自己的意愿，选择合适的社交媒体平台。

在讨论整体社交关系时，我们引入"邓巴数"这一理论，该理论认为，人类的社交存在神经认知限制，社交媒体扩展了我们的联系人的数量，但没有提高社交关系的质量。

此外，我们面临情境崩塌的问题——我们不希望每个人都能看到每一条动态更新，但又无法确定谁在关注我们。我们只好分享那些不会冒犯任何人的内容，或者借助分享私人生活来构建平衡，以便与"想象的受众"有更多的共鸣。

我们也关注社交媒体上的冲突或摩擦。值得注意的是，网络欺凌的施害者或受害者在其校园社交网络中并不受欢迎，但身兼施害者和受害者的人似乎具有特别的社交影响力。最后，我们关注社交媒体中那些不常互动的人，以及我们如何谨慎地发布更新，以避免使他们经历"错失恐惧症"。

第四章　动态更新

　　到现在为止，我们讨论的内容可被称为社交媒体的基础。设置个人资料并与他人建立联系，是首次创建社交媒体账号时常做的事。本章将转向更常见的社交媒体行为。无论是博客、推文，还是动态更新，几乎所有社交媒体平台都允许用户创建书面内容并广泛分享，这些公开的文本内容可能是社交网络服务中最直观可见的部分。我们希望谁能看到我们的更新？我们对这些文本内容的隐私设置有多大的控制力？我们希望这些文本在公开场合展示多久？

　　本章的要点在于找到社交媒体带来的巨大传播力与其潜在负面影响之间的平衡。

案例研究：Twitter 笑话审判

许多英国人对 2010 年初寒冷的天气记忆犹新，那一年也是社交媒体历史上极具意义的一年。1 月 6 日，保罗·钱伯斯（Paul Chambers）意识到当地的机场可能要关闭一段时间，大雪会妨碍他去见一位与他在网上聊天的女士。① 钱伯斯顺手在 Twitter 上发了条推文表达他的失望，他习惯了与好友 "@CrazyColours" 用这种方式交流。然而，他的措辞并不恰当，那条推文很快在全球引起轩然大波。"天呐！罗宾汉机场关闭了！给你们一周时间整顿好，否则我把机场炸飞！"② 显然，这只是个玩笑，对吧？但人们没想到这条推文触发英国法律史上一场漫长的裁决——Twitter 笑话审判（Twitter Joke Trial）③。

虽然 Twitter 被誉为即时发布平台，但钱伯斯的推文是在几天后被一位轮休的安保经理偶然发现的。④ 这条推文被报告给警方，随后钱伯斯被逮捕，并被指控发布恐吓信息，最终在法庭上被罚款 1 000 英镑。钱伯斯的案子引起公民自由活动家包括名人和政治家的关注，经过三次上诉，钱伯斯的定罪被推翻。尽管在整个过程中他失去了两份工作录用，但最终他还是娶了在那个命运多舛的 1 月早晨他希望见到的女士⑤；自始至终，这位女士可能才是他那个"笑话"的目标受众。

后来又出现过一些类似情况，社交媒体的更新为其发布者带来意料之外的后果。从这些事件中，我们可以吸取哪些心理学方面的教训呢？

暗中更新

约翰·苏勒尔（John Suler）2004 年发表的一篇深入浅出的论文，可能有助于解释这类社交媒体更新背后的心理学原理。⑥ 这篇论文关注一个现象：人们在网上说的话，可能在现实中永远不会说出口。苏勒尔将其称为"网络放纵"，它带来的影响利弊参半。

苏勒尔认为，网络放纵包含六个因素。第一个因素是分离匿名性（dissociative anonymity）。正如第二章所述，在网上使用不同的账号和虚假信息非常容易。换言之，我们可能会感觉"不是真实的自己"，可以做出一些现实生活中不会做的事情。

第二个因素是隐形感（invisibility）。当我们在线时，我们会觉得自己在观察他人，但自身未被看到。例如，当我们滚动浏览新闻动态时，可以看到联系人发布的更新，而无需自己发布任何内容。更重要的是，尽管我们的一举一动可能被社交媒体平台监控，但我们对此毫无察觉，我们觉得自己是隐形的。

第三个因素是异步性（asynchronicity）。当我们在线时，我们并不真正觉得自己在"实时"互动。换句话说，没有人有义务立即回复线上信息——任何曾经给我发过电子邮件的人都能轻易证明这一点。因此，由于我们可以选择在任何时候回复，我们就有机会仔细思考回应方式，这在完全同步的面对面对话中无法实现。显然，这可以使我们的沟通更清晰，但这也意味着我们在网上的沟通方式与面对面的沟通方式有所不同。

第四个因素是唯我主义内化（solipsistic introjection）。我们会对与自己有网络互动的人形成某种想象，尤其是对从未谋面的人。我们会填补他们发送的信息中的情感空白，试图想象他们是谁。我们会脑补他们的说话方式和行为方式，因为与"真人"交流比面对单调的文字更容易。当我们浏览社交媒体更新时，想象力正在进行强大的心理加工。显然,这就是网恋之所以存在的机制之一:在去见某人之前,我们已在脑海中构建对方的形象,而这些想象可能在第一次约会时被证实或推翻!

第五个因素是分离想象(dissociative imagination)。我们会将自己的在线行为视为游戏或者幻想。这是许多关于互联网的假设背后的深层次逻辑:互联网并不是"真实的世界",因此并不真正重要。这种心态可能带来灾难性后果。

第六个因素是对地位和权威的弱化(minimization of status and authority)。在现实世界中,规则和法律是难以忽视的。如果路边画有黄线,你就不能把车停在那里;警察会穿着制服,老远就能被认出来。但在网络空间,情况并非如此,你甚至会认为这里无人掌控——这种想法并非完全错误,网络本身确实不存在统一的管控中心。此外,用苏勒尔的话说,互联网的"传统哲学"是:这里人人平等,可以自由分享思想和资源。尽管这一理念值得赞赏,但如果缺乏明确的监管,社交媒体就会变成法外之地。

这些因素大多能在"Twitter玩笑审判"中体现出来。钱伯斯先生可能有某种隐形感:如果他想到这条推文会被安全部门看到，就不会发布它。这表明他忽视了权威机构在监督他的一举一动的可能性。我们还能看到唯我主义内化：他可能只想着约会对象会读到这条俏皮的推文，没有在意其他人。此外，这里也存在分离想象：他的推文带有玩笑意味，而非持一种严肃态度。网络放纵现象揭示了这条被广泛关注的推文背后复杂的心理机制。

但在大多数情况下，我们不会孤立地看待单条更新，我们需要尝试着理解动态推送的心理学原理——为何大量更新按一定顺序源源不断地呈现？如今几乎所有社交媒体都将用户的更新整合到动态推送中，但当 Facebook 于 2006 年首次推出该功能时，曾引发巨大争议。正如当时的一项研究 [7] 所述，这种设计彻底改变了用户体验。

早期 Facebook 用户发布更新时，它只会出现在自己的个人页面。要查看新内容，用户必须手动访问每位联系人的个人页面（当时称为"Facebook 主页"）。新功能将用户的个人活动汇总到一个地方，就像报纸的头条新闻，故得名"动态推送"。你或许会认为，Facebook 用户会热情欢迎此创新，毕竟这一功能对当今的社交媒体体验来说至关重要。但正如霍德利（C. M. Hoadley）等人指出的，动态推送并未暴露任何此前私密的信息，它只是收集了大量来自用户的 Facebook 主页的公开更新，把它们在一个页面上集中展示。

事实上，用户对动态推送的反对声浪异常强烈。尽管用户总会在社交媒体改版时表达不满，但此次抗议的规模远超平常。霍德利等人在功能更新后调查了 Facebook 用户，发现了揭示问题根源的关键细节。

大多数用户不喜欢动态推送，有 29% 的人表示"非常反感"。多数人认为，他们的反感是对新功能的合理反应，而非受媒体炒作影响。然而，这是为什么呢？

霍德利等人通过实证研究回答了这个问题。他们的答案验证了一个古老智慧：问题不在于实际控制权，而在于我们感知到的控制权。当被问及时，66% 的用户同意以下说法："同样的信息此前就已存在，但动态推送让获取它们变得更容易"。本质上，Facebook 用户曾认为自己对"谁能看到动态更新"拥有一定控制权，但这种控制感在动态推送面前荡然无存，所有内容都送到了眼前。

这再次关联到我们在第三章中讨论过的情境坍塌：用户试图控制动态更新的可见对象。这也呼应了第一章的核心观点——社交媒体活动的根源，在于我们竭尽全力地维系着如何在网络上展示自我的控制权。但当我们讨论动态更新行为的心理机制时，我们也在讨论隐私悖论。

冰山与隐形

另一篇与霍德利的研究同时期的论文[8]由德巴廷、洛夫乔伊、霍恩和休斯（Debatin，Lovejoy，Horn，& Hughes，2009）完成，它重点关注这一问题：为何社交媒体用户看似理解隐私问题，却仍在动态更新中展示大量私人信息？尽管这又是一项以美国大学生为对象的Facebook研究，但其发现和使用的隐喻极具启发性。

德巴廷等人的研究背景不仅包括动态推送争议，还包括第三方数据使用、数据挖掘和定向广告等隐私问题（没错，十多年前这些已是Facebook面临的重大争议！）。这项研究希望理解用户如何认知并应对这些隐私问题。

德巴廷等人首先确认用户是否真正理解社交媒体的隐私机制。与预期相反，绝大多数用户理解并设置了限制，例如仅允许好友查看个人资料。然而，仍有超过 90% 的用户在其资料中使用了真实全名、性别、出生日期和家乡；类似比例的用户还上传了自己及亲友的照片。再结合仅有 52% 的人表示"只接受认识的人的好友请求"这一事实，这里面存在什么问题就显而易见了。

用德巴廷等人委婉的表述，这里存在一种矛盾：用户声称自己理解隐私问题，却同时上传大量个人信息并与众多人分享。如何解释这种矛盾？

一种解释是这里存在第三人称效应（third-person effect），即人们认为风险更可能影响他人，而非自己。但德巴廷等人对此解释并不完全满意，他们还探讨了这样一种想法：年轻人认为通过社交媒体等技术维持沟通对其生活至关重要，值得为此承担隐私风险。这个解释似乎也不够充分。

德巴廷等人最终回归到一个简单比喻——Facebook"冰山模型"。他们打了个比方，冰山的可见部分就像社交媒体的乐趣所在，用户在此消磨时间、浏览内容、发布动态更新；水下不可见的冰山主体则代表更实质的部分——我们所有的社交媒体数据、个人资料、互动和动态更新，这些信息被整合和优化，用于推送广告。

德巴廷等人推测，社交媒体的商业剥削若要成功，必须悄无声息地利用冰山的水下部分。因此，当我们调整隐私设置，如仅对好友可见时，实际上只触及冰山的可见部分。无论开启多少隐私设置，我们仍在向社交媒体平台所有者分享全部数据。这便是隐私悖论的成因：我们对动态更新（冰山可见部分）拥有控制感，却对水下更有价值、更敏感的信息视而不见。只有当社交媒体引发的争议像冰山崩解般爆发时，我们才意识到自己分享了什么。

但这仍未完全解释我们为何持续发布更新，让冰山越来越高。尽管社会科学以实证研究为主，但结合理论视角思考常能更深入理解问题。我反复翻阅的一篇论文是泰娜·布赫（Taina Bucher）2012 年发表的关于 Facebook 动态推送的案例研究。⑨ 布赫指出，社交媒体更新的心理机制的核心问题是可见性困境。我们希望自己发布的帖子被看到，却永远无法确定有多少人真正看到了。

为了阐明这一点，布赫将动态更新的算法与极权社会下的监控做了对比。在独裁或绝对君主制下，人们往往会按照统治意识形态行事，因为他们认为自己一直被监视着——这种理论被称为"全景敞视主义"（panopticism）[1]。这就是贯彻意识形态的方式：并不一定因为它被强制性灌输给人们，而是因为人们认为自己处于监控之下，会习惯性服从。

这种情况可能与我们大多数人的日常生活相去甚远，但布赫认为这是一个很好的类比，有利于理解我们在 Facebook 上发布更新时发生的情况，尽管两者存在关键差异。布赫的分析基于 Facebook 的另一次关于动态推送的争议（是的，争议发生过不止一次！）。这一次，当 Facebook 修改了这个功能时，公众发起强烈抗议。最初，动态推送按照时间顺序显示状态更新，最新的内容在顶部。在 2011 年 9 月，这个规则被悄然改

---

[1] "全景敞视主义"是福柯在《规训与惩罚》中提出的术语，其灵感来源于英国功利主义哲学家边沁设计的"全景敞视监狱"。这是一种社会控制理论，认为在被监视的威胁下，人们会有意识地自我监督并调整行为，以符合规范。——译者注

变，改由Facebook根据算法判断哪些更新对用户更重要，并将其置顶。

顺带一提，此后Instagram[10]、LinkedIn[11]和Twitter[12]等平台也陆续引入按算法或非时间排序的信息流。因此，布赫的分析大多适用于这些平台。尽管算法细节均为商业机密，但如她所述，我们已知其主要影响因素。

首先，布赫提出"亲密度"（affinity）的概念——与发布者的联系越紧密，其更新越可能出现在动态推送顶部。其次，时效性（timeliness）也很重要——更新的内容越旧，算法越不可能将其推至顶部。最后，最不易察觉的因素是权重（weight）——他人与该更新的互动量：获得的点赞、分享和评论越多，算法越可能将其推送给更多用户。

布赫总结了对理解社交媒体更新的心理机制至关重要的几点观察。首先，若你在采用算法信息流的平台上不常发布更新，就会因"隐形"而受罚，变得无人问津。仅创建个人资料和与其他用户建立联系毫无意义——除非你发布更新，否则你在社交媒体上会毫无存在感。

其次，通过将获得大量点赞、分享和评论的内容推至动态更新顶部，Facebook 暗示，此类行为是社交媒体上的常态。可以说，算法不仅通过推广高互动内容鼓励用户发布更新，还表明它希望用户都点赞、评论和分享他人的更新。同理，我们不仅要发帖，还要发能获得大量互动的帖子——这迫使我们在发布前深思熟虑。

最后，如此做导致的结果是：Facebook 强化了本已可见的内容的可见性，使流行内容愈发流行。这也与第二章中讨论的"冰桶挑战"等正能量事件的传播背道而驰。弱势群体更难获得关注，这显然有失公平。我们持续在更新中发布大量私人信息，既因平台鼓励，也因"不活跃即隐形"的惩罚机制。

动态更新的未来

我们今天发布动态更新时，当然希望它立即被看到。但未来呢？总有一天，这些更新指向的事物会成为过去，我们可能不再希望它如此公开可见。算法或许会将旧更新移出动态顶部，但永远不会将其存档或删除——它们始终会被搜索到。改变想法是心理成长的重要部分，但社交媒体近乎永久的记录特性可能阻碍这一过程。关于旧更新的心理机制，我们了解多少？

在一项分为两部分的调查中，鲍尔（L. Bauer）及其同事进行了为期一个月的纵向研究，以及一项回顾过去一周和一年的回溯性研究。[13] 他们关注的是随着时间推移，人们如何看待社交媒体更新的隐私状态。在纵向研究中，鲍尔等人要求参与者评估一周前发布的 Facebook 更新的可见性，即他们希望谁看到这些内容，范围从"所有人／公开"到"仅好友可见"，再到"仅自己可见／私密"。一周后和一个月后，他们再次询问同一组人对相同帖子的态度。为了验证结果，在回溯性研究中，鲍尔等人让另一组 Facebook 用户查看自己一周前和一年前的更新。

总体而言，除一项例外，两项研究均未得出明确结论。鲍尔等人有些惊讶：多数参与者并不希望所有更新随时间推移逐渐消失。他们希望少量更新随时间变得更私密，少量更新变得更公开。尽管鲍尔等人指出，因仅少数更新受影响，且社交媒体平台未提供便捷工具，问题似乎并不严重。

然而，纵向研究中的一项发现使问题复杂化。第一周，参与者被要求预测未来对自己当周所发帖子可见性的期望。当这些预测与一个月后的实际选择对比时，鲍尔等人发现，二者毫无关联。换言之，Facebook用户无法准确预测自己未来对帖子公开性的态度——即便只是几周后。显然，我们在社交媒体上活跃越久，受此影响的可能性就越大。

尽管社交媒体仍被视为"新鲜事物"——或许因其每隔数月就改版——但它已存在相当长时间。一些用户人生的大部分时光都在社交媒体上度过。访问多年前的更新是何感受？它如何影响我们今日的发帖行为？

如第三章所述，社交媒体用户对"情境坍塌"敏感，他们会考虑不同社交圈层对更新的看法。但近年研究者提出一个相关概念——时间坍塌（time collapse）[14]。

这一概念指出，部分社交媒体用户在发帖时会对其内容与过往更新的关联性很敏感。这与第二章中提出的问题有相似之处：仿佛一致性是真实性的必要条件。换句话说，过去并未完全过去——它已坍塌至当下。

在此研究中，研究者对年轻成年社交媒体用户进行焦点小组访谈。关键之处是，这项方法严谨的研究不仅在西班牙和挪威两地开展，还分别于 2009 年和 2015 年进行了两次。

值得一提的是，在 2009 年的访谈中，布兰特泽格和吕德斯（Brandtzaeg & Lüders，2018）发现了情境坍塌的证据（如用户以快乐但经过过滤、无争议的方式表达自我），但未发现时间坍塌现象。

到 2015 年，情况已然改变。受访者强烈担忧其职业形象可能因青春期时在网络上留下的数字痕迹受损。例如，一位参与者，其职业是记者，嫉妒地吐槽："资深记者可没有自己的裸照在网上，对吧？"其他人提到，自己会翻查旧推文和其他更新，一旦发现令人尴尬的内容，就立刻删除。

布兰特泽格和吕德斯指出，这一现象在采用真实姓名、单一身份且内容被公开或半公开存档的社交媒体（如 Facebook，其次是 Instagram 和 Twitter）上更明显。他们认为，时间坍塌的发展与多重因素有关。显然，2009 年的参与者中较少有人自幼使用社交媒体，而 2015 年的参与者拥有更完整的线上"人生日志"，他们的"过去始终在场"。

关键的是，布兰特泽格和吕德斯提到，2011 年

Facebook 将"主页"(wall)改为"时间线"(timeline),使查找旧更新更容易。此前,查看用户过往更新需要不断点击"显示更多帖子",现在时间线会将所有内容按年、月、日整齐排列。这让人想起第二章中个人资料结构对真实自我表达的影响——你能想象时间线推出时,用户需要投入多少精力审查旧更新吗?

我们因而可以理解,在布兰特泽格和吕德斯2015年的研究中,为什么部分参与者倾向于使用像 Snapchat 这样的阅后即焚服务,或者像 WhatsApp 这样的私密通信服务。我们将在下一章讨论媒体分享的心理学,并在后续章节探讨即时通信。

小　结

在结束本章之前,让我们回顾一下我们是从何处开始的。一位英国男子不假思索地发布了一条玩笑推文,他没有意识到它会被哪些人看到,最终走上法庭。这是网络放纵的典型案例:人们在网上说出现实中不会说的话。钱伯斯弱化了对权威和监督的认知,认为自己在一定程度上是隐形的——这是社交媒体更新中反复出现的心理学主题。

Facebook 的动态推送引发的抗议同样如此：用户并不乐意他们的更新变得更易被看到。这让我们对隐私悖论有了更深了解——当感到失去对更新可见性的控制权时，我们会痛苦。然而，隐私设置并未真正让我们掌控社交媒体的"水下冰山"。我们将注意力集中在冰山顶端（即动态更新），而这很可能源于动态推送等算法信息流的引导力量。这些功能会规训用户：发布热门内容会获得更多流量，反之则会被迫隐身。

由此观之，我们不愿所有更新随时间消逝并不奇怪，但我们不擅长预测哪些内容未来应更公开或更私密。随着越来越多的生活内容在社交媒体上存档，过去的更新持续存在于当下，我们将日益感受到时间的坍塌。一个尴尬的例子是年少轻狂时发布的照片会留下什么隐患——这将是下一章的话题。

第五章　媒体

　　在第五章，我们将深入探讨如今在社交媒体上最常见的行为之一——上传照片和视频。随着上传大量数据变得可能，许多社交媒体用户发现，分享媒体内容比写状态更新更容易表达自己。从自拍到直播，我们现在有了许多方式来拉近与他人的距离，更深入地融入彼此的生活。

　　本章的关键点在于，审视分享此类内容的价值：我们将照片和其他媒体内容放到网上能获得多少收益？又会失去什么？

案例研究：Snapchat 泄密事件

2014 年 10 月，成千上万张 Snapchat 图片在互联网上被泄露，这一事件被称为"Snapchat 泄密事件"（Snappening）。[1] 由于此事发生在类似的"Fappening"事件后不久，当时人们感觉，每个人的私人照片都会被公之于众。这两起事件有相似之处，因为泄露的照片都是私密的，许多甚至含有露骨的内容。"Fappening"主要涉及名人，其 Apple iCloud 账号遭到入侵。[2] 相比之下，"Snappening"事件的受害者是普通人。但关键问题是，这些照片涉及 Snapchat 中的图片，这些图片显然没有像它们被承诺的那样阅后即焚。这项服务的魔力被打破了，这对用户来说无疑是一种极大的打击。我们很容易认为，这只是一次低俗的不幸事件，但一旦我们仔细分析到底发生了什么，就会发现它深刻揭示了人们分享媒体内容的心理机制。

在"Fappening"事件发生后，4chan 上就有用户开始议论，声称即将出现更大的泄密。[3] 这一次被攻击的目标是 Snapchat，每个使用该应用的人都面临风险。很快，一个包含 9 万多张照片和 9 千多个视频、大小为 13GB 的数据库被发布到一个病毒式传播的新闻网站上。虽然它很快被删除，但整个数据库已经被多次下载，一切都来不及了。不久后，这些照片开始流传，几个小时内 Snap 公司发布了一份声明，详细说明发生了什么以及谁会受到影响。[④]

事实证明，Snap 公司的服务器并未被攻破，泄露来自第三方服务：另一个可以用来发送和接收信息的应用程序，它具有 Snapchat 应用程序中不具备的附加功能。[⑤]SnapSaved.com 允许用户保存他们收到的图片，而发送者并不知情。这实质上以一种相当隐蔽的方式，绕过了 Snapchat 的核心功能。

当然，有些人可能会说，使用这种服务的人承受这样的泄密是一种粗暴的正义。老实说，这种指责受害者的言论在出现个人信息泄露事件后太常见了——正如在 "Fappening" 事件中，许多名人遭受不公平的批评。但这类言论明显是错误的，因为真正的受害者并不是使用 SnapSaved 的人，而是向他们发送照片的人。仍然有许多 Snapchat 用户不知道他们的照片正在互联网上流传，就因为他们曾经与之聊天的人使用了 SnapSaved，而后者随后被攻破。

这一切是如何发生的呢？正如我们在第二章中看到的，有证据表明，Snapchat用户的主要动机是与少数人保持社交关系，大概也包括亲密关系。但"Snappening"事件的情况有所不同：它更加冲动，甚至令人不快。

两个人使用Snapchat交流的前提是，他们分享的照片会阅后即焚，这种理解毫无问题，但其中一个人偷偷保存了收到的照片——这就不公平了。他们为什么要这么做呢？从"Snappening"事件泄密的规模来看，似乎有很多人在这样做。分享甚至保留照片和其他媒体内容的心理是什么？

原地旅行

让我们换个角度，不从用户的角度看待问题，而是以创作者的视角来思考。什么样的理念指导着社交媒体的设计师？

一篇经典分析论文可以帮助我们理解这一点。[6]1997年，隆巴顿、迪顿和梅迪亚（Lombard, Ditton, & Media,

1997）认为，"临场感"是"一切的核心"。尽管这篇论文发表在社交媒体出现之前，但它仍然有很多值得我们学习的地方——主要是因为作者试图建立一个理论框架来理解许多新兴技术，包括虚拟现实、高清电视和视频会议。

根据隆巴顿等人的观点，临场感是指当一种媒介化的体验不再让人感到被媒介化时所产生的错觉。例如，临场感对于享受虚拟现实技术至关重要：如果你过分在意自己戴的头盔，或者图像响应速度太慢，它就不起作用了，不能产生身临其境的错觉。即使是平常的通话，也存在某种程度的临场感。你肯定见过有人打电话时做手势，就好像对方站在面前一样，对吧？

对隆巴顿等人来说，临场感可以从多种角度思考，其中一些可以帮助我们理解在社交媒体上分享照片和视频的行为。首先是社会丰富性，即临场感与人际互动中的亲密感和温暖有关。其次是现实感，即当我们通过媒介互动时，媒介本身感觉像是"真实的东西"。我们还可以将临场感视为一种传输：你会觉得自己真的在那里，或者你看到的东西就在房间里；更有感染力的场景是，你与其他人在聚会。

我们可以在在线媒体分享中观察到这些对临场感的诠释。在社会丰富性方面，当你看家人的度假照片时，难道不会觉得与他们情感上更亲近了吗？难道没有一种稍纵即逝的现实感，仿佛你也去度假了，甚至好像你被带到了另一个地方？这或许可以解释为什么当你退出相册，被毫不留情地扔回现实生活时，会感觉如此糟糕：幻觉被打破了。

通过社交媒体分享视频和照片，在心理上体验"云旅行"，可能是其对年轻人的核心吸引力之一，尤其是那些缺乏独立性的年轻人。此外，当我们回顾"Snappening"事件时，也许这也是使用 Snapchat 发送亲密照片的动机。如果这种社交媒体服务的工程师能够创造出一种令人信服的临场感，用户就可能真的感觉自己虽然独自一人，却仿佛与他人在一起。对无法见面的情侣来说，精心设计的临场感会是他们退而求其次的选择。这不仅适用于没有车的青少年，也可能适用于分隔两地的名人情侣，正如"Fappening"事件中所发生的那样。

这可能解释了 SnapSaved 现象：借助保存本应消失的照片，接收者得以留在某个幻想空间里。当然，这是一个不应该存在的禁地，但如果你不想待在你实际身处的地方，谁会在乎呢？为什么不在这亲密的时刻多停留一会儿，待在一个你更留恋的地方？也许这就是为什么这么多用户注册了这个可疑的应用程序，引发如此不幸的后果。

当我们不仅仅公开照片，还公开拍摄地点的信息时，通过社交媒体云旅行就多了另一种解读。在一项计算研究[⑦]中，玛尼孔达、胡和坎布汉帕蒂（Manikonda，Hu, & Kambhampati, 2014）在一个月内收集了来自369 828名Instagram用户的5 659 795张图片。他们使用应用程序编程接口的方法直接访问Instagram的数据，这是一种研究人员调查在线行为的常用方法。

玛尼孔达等人观察到，尽管我们可能会假设Instagram的社交网络与其他类似服务相似，但实际上它们非常不同。数百万在线分享照片的人会产生类似的社交结构吗？玛尼孔达等人明确表示：数据显示它们截然不同。首先，Instagram上的大多数联系是单向的。与Flickr中68%的联系是双向的有所不同，在Instagram上，只有15%的关系是双向的。其次，Instagram很排外。它的聚类系数高于Twitter，这意味着你在

Instagram 上的朋友更有可能相互认识，在 Twitter 上则不然。因此，Instagram 不仅仅关乎照片分享——它有一种独特的社交结构，你在其他地方找不到。

此外，玛尼孔达等人的研究为理解 Instagram 用户的日常心理活动提供了很多有价值的信息。首先，用户发布照片的平均间隔时间是 6.5 天。也就是说，Instagram 用户大约需要一周时间，才能找到一张他们认为足够好的可以分享的照片。此外，他们似乎希望让照片自己说话，只有 41.3% 的照片下有评论。评论长度其实没有限制，但其平均评论长度仅为 32 个字符。这是不是因为"一图胜千言"，所以没有必要赘述？

与之相反的是，Instagram 用户似乎乐于给照片添加位置信息。在研究的数据中，18.8% 的 Instagram 共享照片包含位置信息。玛尼孔达等人指出，这远远高于 Twitter，后者只有 0.6% 的照片包含位置数据。此外，不低于 28.8% 的 Instagram 用户为至少一张照片添加了位置标签，这种情况看起来相当普遍。

最后，玛尼孔达等人整理了这些数据，列出 Instagram 上全球地理标记最多的十个地点。有趣的是，虽然许多照片显然标记在人口密集的地区，但还有另一个因素在起作用。像曼谷和圣地亚哥这样的地方，以及纽约和伦敦，都在前十名中，也许我们真正谈论的是度假地点。

事实上，这可能并不是隆巴德、迪顿和梅迪亚当年写到临场感时所想到的。但也许这确实表明，许多Instagram用户在某种程度上抓住了这个概念。无论他们去哪里，他们都希望把关注者带在身边。我们常常认为在社交媒体上分享度假照片是在炫耀，但也许发帖的人希望很多人也能体会他们的快乐？

你也可以使用社交媒体将所有有联系的人带入自己的整个世界，而不仅仅在假期分享生活。如此做的话，我们就要提到关于直播的心理学研究。近年来，Meerkat 和 Periscope 等应用程序越来越受欢迎，对于这些应用的早期研究[8] 值得我们关注。与玛尼孔达等人不同，唐、文诺利亚和英克彭（Tang，Venolia，& Inkpen，2016）进行了一项更传统的社会科学研究，手动编码直播视频的内容，并对经常发布这些内容的人进行半结构化访谈。最终他们分析了 535 个 Periscope 和 232 个 Meerkat 上的直播内容，采访了来自世界各地的 20 位直播者。

他们发现，各种各样的活动都在被直播：从手工艺制作到参加派对或社交聚会，再到展示风景、直播新闻事件、游戏直播，甚至只是聊天（这似乎是最受欢迎的）。唐等人认为，内容的多样性反映了用户的多样性，许多人表示他们使用直播来打造自己的"个人品牌"。直播者普遍认为，直播展示了他们生活中真实、未经修饰的一面。回想第二章中提到的社交媒体上个人资料的"固定性"特征，唐等人指出，这种未经修饰的特性与 Facebook 个人资料的策划和管理形成对比。虽然直播者可以控制视频的某些元素，但直播本身具有的不可预测性迫使他们作出真实的反应——这似乎是理解社交媒体心理学的关键。

值得注意的是，Meerkat 和 Periscope 都只允许用户使用 Twitter 账号来再次创建账号。虽然这看起来像是限制，但对许多直播者来说，这种整合使他们能够更深入地与其在 Twitter 上已有的观众互动。此外，许多人表示，将自己的生活视觉化地展示给观众是他们很喜欢做的事，因为与观众的互动有助于调整和优化其直播内容。例如，一些直播者提到，观众对他们视频的反馈可以作为其直播内容的参考，比如下一个视频可以选择处理人际关系的技巧，或制作一档广播节目，或写一本书。这让人自然联想到第二章中提到的桥接型社会资本的概念。

唐等人也注意到，在音乐会或体育场馆的活动中，经常会有多个直播同时进行。一位直播者说直播会使他们的观众受益："很多人无法亲临现场，这是他们实时参与活动的一种方式。"[9] 这些再次表明，借助在社交媒体上分享直播视频，直播者们正努力营造一种临场感，让观众身临其境。

最后，在我们继续之前，我要提醒大家，正如唐等人提到的，他们的研究始于这两个应用程序生命周期的早期阶段。在研究发表时，其中一个应用程序已经停止运营。Meerkat 和 Periscope 在 2015 年初激烈竞争，直到一家更大的社交媒体服务公司给予致命一击：Twitter 不仅收购了 Periscope，还终止了 Meerkat 与其平台的整合。结果就是，Meerkat 用户与其在 Twitter 上的关注者建立的真实连接和深度互动被突然中断。不出所料，Meerkat 在次年 10 月就难以为继[10]，而 Periscope 仍然迅猛发展。

这样的结果凸显在社交媒体上塑造自我身份的脆

弱性。此外，虽然主要市场的动态变化可能会带来巨大影响，这并不令人惊讶，但在更小的规模上，我们也能看到类似的影响力。

自拍与隐秘功能

在2010年的一次访谈研究[⑪]中，奥里·施瓦茨（Ori Schwarz）调查了现已停止运营的以色列社交媒体Shox。他从一个奇怪的观察开始：一个16岁的男孩不断在家、学校及两者之间的任何地方拍照，但他只有一个拍摄对象——他自己。施瓦茨指出，自画像（或称为"自拍"）绝不是新的艺术现象，但这种频繁的自拍是不寻常的。他假设背后一定有不同的动机，于是开始仔细调查这种行为的社会背景。

Shox的用户大多是青少年，有些是二十多岁的年轻人，施瓦茨的受访者也符合这一人口统计特征。施瓦茨强调，只有特定的青年文化群体使用了这项服务，它似乎并不符合所有人的口味，原因我们很快就会探讨。

施瓦茨指出，虽然Shox具有最常见的社交媒体功能，但用户对其中一个功能最感兴趣。该网站上的活动主要由用户发布我们现在称之为"自拍"的内容主导，即主要展示不关注背景、独自一人的自拍照。

回想起第二章中的个人资料编辑工作，施瓦茨提到这项活动需要投入多少精力。大量时间用于策略性地摆姿势自拍，以及编辑和美化照片。关键之处是，这些照片必须达成某种平衡：主题必须吸引人，但不能过于性感。几位用户表示，他们之所以受欢迎，仅仅是因为他们看起来挺好看的。同样，这里也存在上文提到的临场感——可以说，一张有魅力的照片可能会吸引很多人。但这又不完全相同，因为这些照片是公开发布的，并不涉及隐私或亲密感。

回想第三章中我们谈到的 Facebook 和 Snapchat 用户如何通过与联系人互动来维持社会资本。在这里，施瓦茨认为，Shox 上的自拍照具有许多社会功能。它们开启了对话，维持了社会关系，验证了身份，关键点是，它们表明了一个人的社会价值。因此，他将其称为一种"身体社会资本"。一旦上传，照片就会在复杂社会互动系统中被评论，这个系统在一种心照不宣的名气和受欢迎程度的意识形态下运作。简言之，Shox 并不是一个经常拒绝好友请求的网站。一位用户每天回复大约150条评论，再加上处理自己的照片，这意味着他每天要在Shox上花费5—6个小时（尽管在此期间，他还会做点其他事情）。

所有这些付出的意义何在？正如施瓦茨所解释的，构建所有这些身体社会资本的目的是能在线下消费它。"成功"的Shox用户利用他们的名气在现实生活场景中，比如舞厅，将陌生人变成"真正的朋友"或恋人。

然而，它建立在特定的身体外观理想上，并非每个人都愿意玩这个游戏。坦率地说，很少有人长得够好看。更重要的是，施瓦茨发现，即使是非常受欢迎的用户，也经常退出，他们厌倦了反复"重塑品牌"。他推测那些留下来的人在发展社会资本方面选择有限，否则，为什么要费这么大劲？即使Shox已经停止运营，但在当今的其他社交媒体上，很可能仍然有很多人在玩这种自拍和社会资本的游戏。

改编别人创作的媒体内容，假装这是自己的，这样做可能更容易。你无法复制别人的自拍，但还有很多其他内容可以重新混合。例如，舞蹈热已经跨越文化传播了几个世纪，现在也通过社交媒体席卷全球。就像第三章中的冰桶挑战一样，YouTube 上的"哈莱姆摇摆舞"（Harlem Shake，亦称"哈林摇"）视频以最奇特的方式迅速走红。

这发生在 2013 年 2 月，索哈和麦克道尔（Soha & McDowell，2016）在一项详尽的研究[12]中带我们了解了其复杂的演变过程。首先，他们解释了 YouTube 上的"基本协议"，这适用于许多其他社交媒体。除了免费且易于使用外，用户基本上可以将他们喜欢的任何照片或视频上传到这些平台，用它们来宣传自己。因此，虽然社交媒体吸引了一些专业内容，但大多数内容都是业余的。社交媒体会收集来自用户的所有个人数据，包括他们的兴趣、社交网络、交流信息等，将其出售给广告商。

这看起来像一种剥削关系，但它并未阻止业余创作者。然而，正如索哈和麦克道尔所解释的，这种协议没有持续下去，"哈莱姆摇摆舞"视频的故事解释了其原因。

2012 年 5 月，一位叫鲍尔（Baauer）的电子音乐制作人发布了一首名为《哈莱姆摇摆舞》的舞曲。它挺受欢迎，甚至出现在英国广播公司广播一台（BBC

Radio 1)的《精选混音》(Essential Mix)节目中，但几个月后它才真正走红。2013年1月下旬，一位名叫"肮脏的弗兰克"(Filthy Frank)的YouTube用户听到这首舞曲后，决定和他的朋友一起录制一段跳舞的视频。这段疯狂的舞蹈视频截取了鲍尔的《哈莱姆摇摆舞》的19秒片段，视频中的舞者身穿弹力紧身衣，臀部扭动，甚至还戴着摩托车头盔。

老实说，我不知道为什么会有人想复制这么奇怪的视频。但这确实发生了，且几乎立刻发生，很快，数量巨大的视频不断涌现。就像冰桶挑战一样，这类视频的基本元素非常简单：播放背景音乐，一个人戴着面具独舞，当播放到"做哈莱姆摇摆"这句歌词时，很多人开始跟着跳舞。正是这个剪辑片段对于理解在社交媒体上分享视频的心理至关重要。

这首曲子的名字来源于20世纪90年代流行的哈莱姆摇摆舞，作为一种共享的文化现象，它不属于任何人。此外，这首曲子本身也大量借鉴其他音乐作品的片段或元素。事实上，YouTube上相关视频开头的关键片段包含两个采样——一个来自2006年的波多黎各雷鬼歌曲，另一个来自2001年的美国嘻哈团体。鉴于有这么多人在不同阶段参与创造《哈莱姆摇摆舞》，我们很难看出谁应该从中获利。

根据索哈和麦克道尔的统计，这类模仿视频在 YouTube 上累计观看次数超过 10 亿次。这场狂热来得快也去得快，他们注意到，曲目的创作者鲍尔一直保持沉默，但这并不意味着他和他的唱片公司"疯狂体面"（Mad Decent）没有忙其他的事情。

正如索哈和麦克道尔解释的，YouTube 开始时的"基本协议"已经被悄悄改为"新协议"。由于该平台基本不限制用户上传的内容，一旦某个内容流行起来，就会面临巨大的法律压力，需要防止侵犯版权。

YouTube 的解决方案被称为"内容识别系统"（Content ID）。它扫描每个上传的视频，与娱乐行业提供的受版权保护的内容数据库作比对。当上传的内容与这些数据库中的条目匹配时，它会自动根据版权所有者的设置执行相应的操作：要么阻止它，要么跟踪其播放情况，要么将视频商品化（即在视频中插入广告并获取40%—50% 的收入）。

由于每个有关《哈莱姆摇摆舞》的视频都包含鲍尔曲目的片段，每次都会触发内容识别系统。看到该曲目受到业余创作者的欢迎，"疯狂体面"唱片公司并没有坚持要求删除这些视频（这是它的合法权利），而是让它们继续播放，并收取相应的广告收入份额。索哈和麦克道尔估计，这类视频可能为该公司带来 150 万至 450 万美元的净收入。

正如他们所争辩的，这似乎不太公平。特别是考虑到这首曲子本身包含其他作品的采样，而它之所以如此受欢迎，也得益于像"肮脏的弗兰克"这样的一大批 YouTube 视频创作者的辛勤付出。确实，内容识别系统让鲍尔和"疯狂体面"公司能从每一个视频创作者制作的模仿视频中获利。但就像 Facebook 冰山一样，YouTube 上的视频以这种方式变现的机制对大多数用户来说是看不见的。是否有人从你上传到社交媒体上的混音视频中获利？你怎么知道他们有没有？请注意，Facebook 有一个与 YouTube 的内容识别系统相当的功能，叫作"关系管理者"（relationship manager）[13]，它同样允许版权所有者在用户改编其内容时获利。

在下一章中，我们将研究社交媒体的一个被频繁使用但隐藏的功能——即时通信。

小　结

从"Snappening"开始,本章探讨了私人照片在互联网上被泄露的可怕现实。为了更好地理解这一点,我们回顾了计算机中介传播中的"临场感"概念。设计像社交媒体这样的电子界面的工程师,努力确保我们在使用时不觉得自己在线:媒介化的体验不应让人感到被媒介化。我们因而思考了在社交媒体上查看照片和视频如何唤起旅行的感觉。我们还看到这如何帮助理解"Snappening"事件:也许那些使用 SnapSaved 的人想要在虚拟空间中多待一会儿。

接着我们研究了 Instagram,注意到其独特的网络结构和较少的文字评论。但更引人注目的是,它的照片中有多少被标记了位置数据,其中许多是度假地点:也许 Instagram 用户会"希望你也在那里"。

当我们转向新一代分享方式——直播视频时,这个趋势变得更明显。借助 Meerkat 和 Periscope,许多社交媒体用户喜欢让他人直接洞察自己的生活。但我们也看到,像这样打造真实个人品牌和积累社会资本充满风险,因为 Twitter 收购 Periscope 后,Meerkat 被淘汰了。

在对 Shox 的调查中，我们看到了市场需求。在探索其用户如何不懈地拍摄、编辑和上传自己的照片，以及点赞和赞美彼此的照片时，我们看到了这些自拍如何成为一种"身体社会资本"。该网站受欢迎的用户也许在发展社会资本方面选择有限，他们用大量的自拍和评论来获取新的友谊。不出所料，这个耗费大量时间和精力的过程使许多用户离开了该网站。

我们还研究了像"哈莱姆摇摆舞"模仿视频这样的集体创作。我们看到 YouTube 的"新协议"允许视频创作者在自己的作品中使用受版权保护的内容。尽管版权所有者几乎没为这些作品的流行付出多少努力，他们却成为最终获利者，这一切业余创作者可能并不知情。这再次表明，在社交媒体上公开分享照片或视频有不可预见的后果——这一主题很好地引导我们进入下一章。

第六章　即时通信

　　尽管社交媒体的大部分内容都与可见性有关，但每个服务的一个基本功能是能够私下交流。有时我们想公开向所有人发布消息，但有时我们希望一对一地交谈，远离公众的目光。因此，本章与之前的章节形成对比，更多地关注私密渠道、谨慎性和亲密性。我们将重点研究一个更微妙的功能，即通常所称的私信或私聊。考虑到它们本质上是私密的，也许并不令人惊讶的是，很少有研究专门针对社交媒体上的私信，这使本章比前几章更具解释性。

　　关键点在于理解社交媒体的消息功能在心理层面是如何运作的。有时它显然可以提高我们的沟通能力，但有时也会适得其反。

案例研究：韦纳门事件

让我们从 2011 年的一则新闻故事开始。安东尼·韦纳（Anthony Weiner）曾是美国民主党一颗冉冉升起的新星，担任纽约州的国会议员。他拥有幸福的婚姻，妻子怀孕了。他以勤奋（虽然有点尖刻）的政治家著称，曾梦想自己有一天成为纽约市市长。[①] 但在当年的 6 月，他辞职了，此后再也没有赢得选举。发生了什么？

5 月 27 日星期五晚上 9 点左右，21 岁的学生吉内特·科尔多瓦（Gennette Cordova）登录了自己的 Twitter 账号。她惊讶地发现，她的 @ 提醒比平时多得多。[②] 科尔多瓦可以看到，她在一条来自 Twitter 用户 @repweiner 的推文中被提及，她之前曾与该用户有过私信往来。在随后的采访中，她说自己与韦纳交流过[③]，因为她是他的粉丝，曾在 Twitter 上发推文支持他，他因而回关了她。

可以说，韦纳发出的公开推文没什么不寻常，但这条推文包含一个指向照片共享网站的链接。这里要解释一下，当时 Twitter 还没有照片共享功能，许多与 Twitter 相关的第三方服务确实允许此功能。就在这种背景下，这条推文发了出来，文中出现指向另一个现已停用的网站 yfrog 的链接。具有讽刺意味的是，尽管 Twitter 以其快速传播能力而闻名，但科尔多瓦从未真正看到原始照片，因为在她登录之前韦纳已经删除了它——她只看到了副本和截图。但她看到的内容令人不安，那是一个穿着内裤的男人的裆部特写。

我们可以假设韦纳本打算私下发送这张照片，因为由此引发的轩然大波终结了他的职业生涯，这显然并非他的本意。许多批评者都在密切关注他的 Twitter 账号，不久之后，这张照片就在不怀好意的新闻媒体上被剖析，而韦纳的公开解释显然站不住脚。④ 类似于"Snappening"事件，yfrog 发布了一份声明，声称其服务器并未遭到黑客攻击。⑤

顺便提一下，这场丑闻发生几天后，Twitter 推出照片共享功能。⑥ 如果韦纳发送特定消息时要求他使用像 yfrog 这样的挑剔插件，他的职业生涯会持续更久吗？

然而，这种可能性并不值得考虑。很快事情就变得明朗，韦纳曾向多达六位其他女性发送类似的消息，其中至少有一位是未成年人。虽然这个案例某种程度上耸人听闻,但它的性质非常严重。在撰写本书时,韦纳因向未成年人发送淫秽内容的指控而入狱服刑。[7]

这个案例在很多方面都具有典型性:政治不忠,社交媒体的不恰当使用,声称遭受"黑客攻击",以及在线交流可能带来的放纵行为。我们在这里关注的是定向的私信,为什么韦纳会认为在 Twitter 上向陌生人发送这样的内容是合适的?他想达到什么目的?社交媒体的信息传递是否有一些特性会让用户认为,他们可以通过这种方式更有效地交流?

突破常规

"韦纳门事件"显然是我们在第四章讨论的网络放纵的又一例证,但它也说明了另一种网络心理学理论。约瑟夫·沃尔瑟(Joseph Walther)多年来一直致力于研究超个人沟通模型(hyperpersonal model of communication),在这里我们关注的是他在一篇论文[8]中对这个理论的巧妙验证。

在 2007 年的一项研究中,沃尔瑟研究了这个模型与人们如何向潜在的理想或不理想的信息接收者展示自己的关系。虽然这项关于自我展示的研究并未提及社交媒体，但不难发现，其研究理论可以应用到社交媒体的环境中。沃尔瑟解释了使用计算机媒介交流的用户如何利用其特性，来实现他们的交流目标。在发送此类信息时，我们可以利用四大因素。

首先，这类信息是可编辑的，因此在点击"发送"之前，我们有机会修改自己写下的内容。我们可以检查自己的拼写，删除不合适的笑话；如果我们生气了，可以添加一些加粗的词语，或者当我们想显得深沉，可以添加一些斜体的短语。信息传递还有许多其他特性，每一种都能向接收者发送不同的线索，这些特性在口头交流中是无法体现的。

其次，我们来探讨一下苏勒尔在网络放纵中提到的异步性因素。在接收和发送信息时，我们拥有的思考和回应时间比面对面交流要多得多。即使是最快的即时信息交流，也为我们留了更多的时间。在口头回答问题时，那种犹豫不决的停顿往往含有深意——这就是为什么它被称为"战术性停顿"。一些应用程序中的"正在输入"提示试图模仿这种停顿，但它真的能传达出和有个人在你眼前沉默不语时一样的紧迫感吗？这意味着，社交媒体信息传递中的尴尬可以被掩盖。

与此相关的第三个因素是身体隔离。在社交媒体信息中，我们不会"泄露"可能对交流至关重要的线索，如肢体语言、语调或面部表情。因此，在理论上，我们应该比面对面交流时更能控制自己的情绪。

最后一个因素是认知资源的重新分配。我们不需要直接面对正在与自己交谈的人，因而可以同时做其他事情。例如，我们不需要保持眼神交流，不需要点头表示赞同，也不用偶尔发出"嗯嗯"的声音，不用刻意营造一种我们正在专心听的印象。根据沃尔瑟的超个人沟通模型，这应该会释放出更多的认知处理能力。发信息的人看不到我们，我们就可以更专注于理解对方的文字信息。

在沃尔瑟的研究中，54名美国本科生被招募参加他们认为是关于大学课程内容开发的在线讨论，但他们被告知将参与一系列向不同接收者发送和接收信息的会话，这些接收者可能是一个同学、一位教授或一个高中生。实际上，这只发生了一次，因为这些接收者并不真实存在，参与者在发送完他们的第一条信息后就被告知了真相。

沃尔瑟感兴趣的是，不同参与者如何运用超个人沟通模型中提到的几种因素，在他们要发送的信息中展示自己。例如，男生和女生在准备给教授的信息上所花费的时间是否存在差异？

为了解答这些问题，沃尔瑟观察了参与者编辑信息的过程，详细记录了他们打字所花费的时间，以及他们删除、插入或替换字符的次数。沃尔瑟用计算机程序分析了他们所编辑的信息，计算文本中的音节、单词和句子的数量。通过这些数据，沃尔瑟得出各种衡量标准，包括根据人称代词使用数量计算出的"个性化语言"，以及根据每个单词的音节数和每个句子的单词数计算出的"语言复杂性"。

总的来说，沃尔瑟发现，这些参与的大学生在向高中生发送信息时，更倾向于使用个性化语言，而在向教授发送信息时，他们的句子更复杂。研究中还发现了一些有趣的性别之间的互动。例如，男性参与者在给异性同龄人或高中生写信息时，他们的编辑时间最长。相比之下，女性参与者在给女性教授或男性同龄人发送信息时，她们的编辑时间最长，但在给同性别的大学生发送信息时，她们的编辑时间最短。

很明显，不同的人会以不同的方式发送信息，这取决于我们希望在接收信息的人面前展现什么样的形象。沃尔瑟认为，这似乎主要由我们试图达到的亲密程度而定。我们在构建社交媒体信息时投入的时间和精力，实际上蕴含大量的人类心理学知识。

直言不讳地说，你现在大概能想象韦纳在撰写那些臭名昭著的 Twitter 信息时花费了多少时间和精力。我们可以更深入地探讨一下此类信息背后的心理学原理。

正如本章开始时提到的，关于私人信息的公开研究很少，因为这些信息本质上是私密的。然而，2007年发布了一项了不起的研究[⑨]，这项研究分析了多达 3.62 亿条 Facebook 信息。这些匿名数据由 Facebook 提供给这项研究的研究者戈尔德、威尔金森和休伯曼（Golder，Wilkinson，& Huberman，2007），也就是说，研究者并未分析信息的具体内容。鉴于全球法律和伦理环境在过去几年发生的变化，我怀疑这项研究永远不会被重复，尽管戈尔德等人确实提供了一些引人入胜的分析。

值得注意的是，当时 Facebook 刚刚在美国大学以外的地方开放，这项研究的结果是否具有普遍性还有待商榷。戈尔德等人还指出，该数据集存在某种局限性，即它没有记录这些 Facebook 用户之间最初建立联系的时间，只记录了在数据收集期结束时，用户之间是否存在联系。这项研究就无法告诉我们，哪些信息是在 Facebook 好友关系建立之前或之后发送的。

尽管存在局限性，戈尔德等人的研究仍然非常吸引人，因为它揭示了社交媒体信息的心理学特性。这项研究的主要关注点是"社交互动的节奏"（rhythms of social interaction），就是分析 Facebook 上好友和非好友之间每小时、每天、每周和每年的信息发送模式。就这个问题来说，戈尔德及其同事在论文的开头部分提到一个有趣的观察。

Facebook 的老用户可能会记得，"戳一下"（poke）曾经是该网站的一个热门功能，尽管这个功能忽而被隐藏，忽而被大力推广。据戈尔德等人所述，"戳一下"另一个 Facebook 用户，就等同于给他们发送一个"无内容"的信息；他们只会收到一个通知，显示"用户某某戳了你一下"，他们可以随意解读这个信息的含义。你可能会认为，这种可被理解为调情、玩闹或者仅仅是引起注意的"戳一下"，其发送的时间与 Facebook 的私信不同，因为私信的内容是完整的，含义也不那么模糊。

实际上，数据显示"戳一下"和私信在时间分布上的规律是相似的。没有特定的哪一天、哪一周、哪个月或哪一年，"戳一下"的发送量比私信多，反之亦然。鉴于"戳一下"本质上是一条空信息，是否可以这样理解，我们说什么并不重要，说的意愿才重要？

这让我们想起之前提到的超个人沟通模型。虽然"戳一下"没有实质内容，但它和私信有一个重要的共同点：都有时间戳。我们在 Facebook 上"戳"的人可能不清楚我们为什么"戳"他们，但他们会知道我们什么时候"戳"了他们。就像沃尔瑟研究中的学生一样，无论是给教授还是给高中生发送信息，我们是否会根据对即将"戳"的人的尊重程度，更仔细地考虑发送时间呢？

顺便说一下，这篇论文也证实了第二章中概述的理论。在用于数据研究的 420 万 Facebook 用户中，每个人平均拥有 180 个朋友[10]，这个数字与"邓巴数"相差无几；而在 3.78 亿个好友连接中，只有 15.1% 的人互发了信息。Facebook 用户确实有很多好友，但他们没有向其中大部分人发送私信。这再次证实这样一个观点：虽然社交媒体帮助我们建立了庞大的个人网络，但它并没有让我们更容易地与他人保持联系。我们能发送的信息数量是有限的！

让我们回到刚才的话题，来看看这些信息是什么时候发送的。戈尔德等人发现，从周一到周四，信息发送量整个上午和下午都在上升，直到晚餐时间才有所下降，然后再次上升，至午夜开始回落。周五的情况与其他工作日相似，信息发送量先是逐渐上升，到了下午则完全停止增长；而在周六，信息发送开始得很晚，一整天都保持较慢的增长速度。周日，信息发送也开始得较晚，但到了晚上，信息量几乎达到工作日的水平。在大多数情况下，在"半夜"，即任何一天的凌晨，3 点到 8 点之间互发的信息都不多。

戈尔德等人的研究表明，Facebook 似乎更多地用于多任务处理，而非休闲娱乐。信息的发送似乎集中在大学生应该坐在电脑前学习的时间段。周五晚上和整个周六的传统娱乐时间内信息量的减少能证明这一点，而周日下午信息量激增，可能是因为学生在努力弄明白他们周一早上到底要提交什么课程的作业！

戈尔德等人的最后一项观察结果耐人寻味，几乎所有Facebook信息都遵循前面提到的时间模式，例如，发送给其他学院的朋友的信息几乎完全在白天发送。

当研究者单独分析那些发送给同一学校的"非好友"[1]的信息时，他们发现了一些重要的变化。这些发送给非好友的信息在午夜后的时间段达到顶峰。换句话说，大学生更可能在深夜向他们没有互关的人发送信息。别忘了，前文提到过戈尔德等人获取到的数据集是有局限性的，我们暂时不考虑大学生们这种夜间行为所暗示的含义。

这样看来，那些在深夜发送信息的人，他们的发送对象并非自己的好友，且在两年的数据收集期结束时，他们仍未成为好友。我们可以得出结论，向并非好友的人发送深夜信息，并不能增加人们最终成为好友的可能性。

戈尔德及其同事的研究仅仅描述了信息发送的原

---

[1] 指双方没有在Facebook上互相关注。——译者注

始行为统计数据，我们需要对他们的报告内容进行一些推理和假设。因此，我们现在将尝试更深入地探索用户在编辑这些信息时的心理状态。

在这项研究中，索尼娅·乌茨（Sonja Utz）[11]探讨了一个看似简单实则复杂的问题。Facebook 上的大部分内容看似是娱乐性的、欢快的，可是人们如何在实际操作中利用它来维护人际关系呢？这可是个大工程，需要我们认真对待。你应该还记得第三章的内容，维护社会资本是社交媒体的核心吸引力。但我们在第四章也提到，在发布更新、追求受欢迎度的同时，社会资本的维护可能会受到影响。当我们努力在动态推送上保持可见度的同时，我们应如何巩固我们的友谊？

正如乌茨解释的，在友谊的发展过程中，人们倾向于互相分享越来越多的个人信息，这被称为"自我暴露"。这种内容在状态更新上较少见到，乌茨推测必定有其他因素在起作用。

在这项研究中，151 名德国大学生完成了一份详细的调查问卷，问卷中包含关于他们的 Facebook 使用情况的开放性问题。与前述研究类似，他们接下来评估了自己的社交媒体账号使用情况，包括他们最近发送的私信和发布的状态更新，以及他们好友的更新。乌茨感兴趣的是，这些大学生如何根据各种因素，如信息内容（积极性、亲密性）、动机（关系维护、娱乐）和情感连接，对这些私信和更新作出评价。

在分析他们的反馈时，乌茨发现的情况既复杂又有深度。果不其然，通信的亲密度越高，他们就越感受到与发送者的紧密连接，而这种效果在私信中最为明显。换句话说，当我们在社交媒体上通过私信与他人互相分享个人信息时，我们感受到的情感连接最强烈。

此外，人们使用 Facebook 的主要目的是维护他们的人际关系，而这一动机在发送私信时表现得尤为突出。乌茨认为，这些大学生在 Facebook 上发送的私信比他们发布的公开更新要多，因此 Facebook 的使用存在相当大的"隐秘部分"，而我们对这部分内容的心理动机了解甚少。在社交媒体的私信中，我们或许更能表达真实的自我。

乌茨还发现，虽然是公开更新，但其内容指向特定的人，这样做可能会增加亲近感，但这只会发生在已经与我们有较深关系的人身上。也就是说，只依赖动态推送的算法并不能真正改善人际关系。同样，这也是一个情境崩塌的问题：与"整个群体"而非"合适的人"分享，可能会适得其反。那么，是不是我们使用社交媒体的方式全错了？

我们在社交媒体上确实会尝试这样做：公开发布一些只打算让特定的人阅读的内容，这就是所谓"隐晦推文"。在一个有趣的研究设计中，爱德华兹和哈里斯（Edwards & Harris，2016）[12] 研究了发送这类推文的人会如何被解读。当我们发送这类信息时，我们会给别人留下什么印象？

就像爱德华兹等人所解释的，这可能取决于信息是积极的还是消极的，但也涉及能力问题，即信息是不是被有效陈述。在这项研究中，349 名美国大学生完成了一个在线实验，首先查看研究者模拟出的隐晦推文的不同版本，然后回答关于它们的问题。这些大学生看到的文本包括："感谢某个人让我的一天过得非常愉快，这样的人真的很棒"（间接且积极）；"感谢 @RyanS 在背后捅了我一刀，彻底毁了我的一天，你真是可悲"（直接且消极）。然后被问到对发布这类更新的人的印象，例如，他们会是好朋友吗？这样做是否合适（即有效陈述信息的能力）？

这项研究得出一些有趣的结论。爱德华兹和哈里斯认为，总的来说，与直白的帖子相比，隐晦推文被视为陈述信息的有效性较差，阅读者会对发布者有不太好的印象。这么说来，隐晦推文真的不是一个好主意？那倒未必。

一方面，那些发布正面隐晦推文的人，他们的积极形象并不如直接传递正面信息的人来得鲜明；另一方面，相较直接发布负面信息的推文，发布负面隐晦推文的人反而收获更多的积极评价。这就是说，当我们以间接的方式表达负面的事情时，会看起来不那么讨厌。如果我们不得不说些令人不悦的话，就应该以一种委婉的方式说出来；如果必须说些赞美的话，则应该直接表达。

爱德华兹和哈里斯推测，这些大学生对负面的隐晦推文的喜好超过了直接陈述的推文，可能是因为社交媒体的受众群体是分散的[1]。显然，这与我们在第三章中讨论的社交媒体更新中的情境崩塌问题有相似之处：

---

[1] "分散"是指受众群体的成员来自不同的地方，有不同的背景和兴趣，他们的观点和理解会有所不同。这种分散性可能影响信息的传播和理解，因为每个人都可以根据自己的背景和理解能力，对信息进行个性化解读。——译者注

我们无法看到谁在阅读自己的隐晦推文，只能猜测我们的观众是谁。当我们看到一条带有负面情绪的隐晦推文时，我们就能理解这一点：我们知道那个人很生气，但他仍然努力克制自己，避免直接冲突，这种做法我们是赞赏的。

私人聚会

近年来，通信应用程序很受欢迎，部分原因可能是它们成功地解决了社交媒体面临的一些问题。WhatsApp等应用程序和社交媒体有一些相同的重要功能，如私信（这是必不可少的）、分享照片和视频，以及建立联系人列表，但它们的相似性仅限于此。通信应用程序没有个人页面，也不能发布公开的状态更新，但这并不意味着我们不能借此探索社交媒体心理学中的有趣现象。

我们来思考一下，为什么用户可能偏爱某一种服务而不是另一种？在中国市场上这两种服务都表现得十分活跃，这为比较它们的心理影响提供了良好的背景。在一系列大学生访谈中，甘春梅和王伟军（Gan &

Wang，2015）[⑬] 调查了他们为什么喜欢使用社交媒体或通信应用程序。

在这篇论文中，所讨论的通信应用程序是微信，这是一个在中国非常受欢迎的应用程序。相比之下，对社交媒体的研究采用更宽泛的视角，仅仅讨论了微博。在西方，微博往往被视为等同于 Twitter 的无可匹敌的平台，但在中国，众多平台长期以来一直处于激烈竞争之中。

为了了解用户为什么会偏爱其中一种服务，甘春梅和王伟军采用了一种被称为"使用与满足"（uses and gratifications）的方法。他们提出三个大致的原因来解释人们为何更喜欢通信应用程序或社交媒体服务。首先有内容方面的原因，如寻求和分享信息；其次有与社交相关的原因，如互动和建立人脉；最后有享乐的原因，包括娱乐和消磨时间。这项研究的目的是找出使用社交媒体和通信应用程序的用户在上述三类原因上有何不同。也就是说，所有接受访谈的大学生都使用这两种类型的服务，他们都被询问他们如何从这些服务中获益。

令人惊讶的是，根据甘春梅和王伟军的研究结果，微信和微博都能广泛地满足用户的通信、娱乐和社交需求，重要的是这些服务如何精准地满足用户的需求。关于使用社交媒体，这些大学生将他们的动机做了排序：首先是寻求信息，其次是社交互动，再次是娱乐、消磨时间、分享信息，最后是建立社交人脉。相比之下，使用通信应用程序的动机排名如下：私人社交、便捷通信、获取高质量的信息、分享信息和娱乐。

尽管获得满足感的广度相似，但其优先级大不相同。正如甘春梅和王伟军所指出的，他们观察到的最大差异在于，社交满足感是社交通信服务的最大影响因素，而内容满足感对使用社交媒体服务来说更为重要。值得注意的是，当谈到微信时，这些大学生强调了私人社交网络，这给我们提供了关于社交通信服务的主要吸引力的重要见解。

话虽如此，在某些情况下，人们似乎会优先选择通信应用程序来满足内容需求，也就是寻找和分享新闻。在一项极其有趣的研究[14]中，西蒙、戈德堡、莱金和阿迪尼（Simon，Goldberg，Leykin，& Adini，2016）为我们提供了一个不同寻常的关于信息在紧急情况下如何在WhatsApp上传播的报告。在以色列发生的一起恐怖事件中，有三个青少年失踪，被发现时他们已经死亡。

这篇论文采用一种创新的侦探思维，对这起事件的传播进行了深入研究。

正如西蒙等人所述，这几个男孩被报告失踪后，安全部门立即封锁了涉及他们下落的调查信息。关键在于，这个封锁规定只针对主要的媒体组织：不允许它们报道收到的任何信息，但安全部门会继续向它们通报相关情况。

在这种状态下，通过其他渠道传播的谣言如野火般迅速蔓延——这一点都不奇怪。西蒙等人描述了一个烦琐的方法，即他们如何努力收集尽可能多的传闻。首先，他们在 Facebook 上发布帖子，从自己的社交网络中寻找这些谣言的相关信息。然后，他们追踪每一条谣言，从接收者追溯到发送者，试图找出每个信息的源头，直到线索断掉。

西蒙等人还进行了一项在线调查，询问人们如何使用社交媒体服务和社交通信服务，以及对这两种信息来源的信任程度。不出所料，在受访者中，更多人认为 Facebook 这个社交媒体平台提供的信息比 WhatsApp 这一通信应用程序提供的信息更可信——这与甘春梅和王伟军的研究结果一致。另外，人们认为 WhatsApp 比

Facebook 更具私密性。

从收到的所有信息中，西蒙等人提取出 13 个传闻，发现其中有 9 个实际上是真实的。这个统计数据听起来不算糟糕，但在填写在线调查的 419 人中，有 40% 的人表示他们收到了一个传闻，声称被绑架的受害者已经获救了。你可以想象，如果你与受害者有密切联系，后来发现这个传闻是假的，那将让人多么心痛。

西蒙等人得出的结论是，在任何紧急情况下，如发生恐怖袭击事件，谣言的传播都是不可避免的，特别是在实施了媒体封锁的情况下，可能会加剧谣言的传播。他们还注意到，一些谣言是由受人尊敬的权威人士，如负责安全事务的官员、记者和紧急救援人员引发的。尽管有封口令，但这些人仍可以接触到保密信息，他们或许应该知道在 WhatsApp 上谈论这些信息并不明智。这不禁再次让人想起第四章提到的网络放纵，特别是将机构和权威弱化。在 WhatsApp（或 Facebook）上，没有任何提示会告诉我们分享某些信息是非法的。因此，西蒙等人建议相关专业人士制定政策，以应对发生紧急事件时社交通信服务上的谣言传播。但他们也意识到，在这样的事件中，可能会遇到他们认为公众应该知道的信息，这会带来重大的道德挑战。关于价值观和评价的这些问题将会是下一章的主题。

小　结

在继续讨论之前，让我们回顾一下已经掌握的知识。本章从韦纳议员试图通过 Twitter 私信发送不雅照的灾难性行为开始，这使我们思考，是什么让人们相信他们可以通过私信来实现无法以其他方式达成的目标。在回顾超个人沟通模型的实证测试时，我们发现，能够编辑信息、有时间去构思，以及与接收信息者身体隔离等因素，可能会促使社交媒体用户尝试以一种与面对面交流不同的方式塑造自我形象。

我们也观察到，"戳一下"的发送时间与 Facebook 私信的发送时间相吻合，这暗示了时间戳是理解社交媒体上信息传递的关键线索。大多数信息是在学生应该学习的时间发送的，这表明社交媒体更像一种多任务处理活动，而非休闲活动，而且深夜发送的信息不太可能有利于建立"友谊"。

为了更深入地探索，我们研究了一项调查，该调查询问了 Facebook 用户对私信和状态更新的动机和看法。动态推送通常是积极和乐观的，用户更愿意在私信中透露更隐秘的信息；维护关系不仅是使用社交媒体的主要动机，也是使用社交通信服务的最重要动机。

　　我们还研究了一些更具破坏性的内容，比如，我们不是发送私信，而是公开地发布隐晦推文。总的来说，这些含蓄的信息会让发布者给人留下更糟糕的印象。发布一条负面但含蓄的信息比直白地说出来更受欢迎，正面的信息则应该直言不讳，这样效果最好。

　　社交媒体受众的多样性促使我们将其与社交通信服务作比较。我们发现，虽然社交媒体服务和社交通信服务通常都能满足用户对内容、社交和娱乐的需求，但在此背景下仍存在明显的差异。从本质上讲，社交通信服务提供了社交满足感，而社交媒体服务提供了内容满足感。

　　接下来，我们研究了在社交通信服务中寻找信息可能会引发的问题，特别是在紧急情况下传播谣言的行为。这里的核心问题似乎再次回到弱化地位和权威这一网络特性上。在网上发送信息时，很难明确意识到分享信息的道德或法律约束。

第七章 价值

在最后一章，我们将讨论社交媒体的一种特性，这种特性并不像我们迄今为止讨论的任何其他特性那样容易显现出来。首先，我们需要明确，"价值"这个词在本章中有两层含义。当我们提到"价值"，可能指的是数字或位数，比如我们的 Twitter 关注者总数、Snapchat 连发天数，或者收到的 Facebook 私信的时间戳。然而，"价值"也可能指道德或原则。奇怪的是，对社交媒体来说，后者往往与前者紧密相关。

不仅用户可以看得到每一条社交媒体内容都附带各种数字，提供服务的运营者也能看到。正是基于这些数字，运营者才能制订关于如何管理这些服务的重要决策。

在这本书的引言中，我给出了社交媒体的心理学定义：鼓励用户将私人信息数字化并公开分享的在线服务。到目前为止，除了第六章，我们主要关注的是"公开分享"的部分，但现在我们需要转向"数字化"这一维度，即人类的心理活动如何被拆解为可量化的数据。

在开始本章的案例研究之前，让我们先回顾一下前面各章，以便记住其主要结论。

太长，没看 [①]

在第一章，我介绍了本书的总体框架和关注的主题。心理学和社交媒体是几乎每个人都有所了解的话题，我们中的很多人都与它们建立了密切的关联。此外，我强调了科学文献的局限性：这个领域明显缺乏深入、开放和透明的科学研究。

在第二章，我研究了社交媒体的个人资料页面以及我们如何在其中塑造自我。阿米娜·阿拉夫的骗局表明，在社交媒体上虽然可以伪造身份，但这种假象无法长久维持。社交媒体个人资料页面的结构也在很大程度上影响了我们的身份表达，对我们许多人来说，展示我们是谁比直接告知我们的身份更容易。这是因为构建个人资料页面要求较高，如果投入太多的时间和精力，反而可能显得不真实。在个人资料页面上放上私人信息，似乎与我们对隐私信息如何被使用的普遍担忧相矛盾，所以我们在这一章讨论了隐私悖论。

从这个角度看，使用一次性账号就不那么奇怪了。同样，在不需要任何个人资料的匿名社交媒体环境中，我们还能保持自我认同和社区归属感，说明我们具备一定的心理韧性。个人资料页面是构建真实身份的有效试验场，但它无法完全容纳这些身份，它就像一件紧身衣，一开始我们可能感觉挺舒服，但后来会成为难以摆脱的束缚衣。

在第三章，我重点讨论了建立社交联系及其对我们具有的复杂价值。社交媒体的文化影响力可从"冰桶挑战"中体现出来，相比而言，日常的人际关系不那么抢眼，但可能在心理学上更发人深省。

有些服务，如 Facebook，适合建立和维持较松散的联系，如熟人之间；而其他服务，如 Snapchat，适合建立更紧密的联系，如我们与最好的朋友。另外，虽然社交媒体让我们能够接触到大量的人，但"邓巴数"表明，从神经学角度来看，与超过150人建立联系没有太大的意义，因为增加的联系并不能让我们获得更多的亲密朋友。实际上，我们能从中获得情感支持和理解的人数，似乎只是我们总联系人数的一小部分。

我们可能希望在不同社交群体中以不同的方式展示自己，这一点往往被社交媒体服务忽视。我们无法实时知道谁在关注我们的社交媒体动态，只能设想可能的受众，其结果就是，我们得在社交关系中寻求最小公约数，也就是我们得迎合大众口味。

因此，在社交媒体心理学中，情境崩塌是一个贯穿始终的主题。此外，我们很难了解联系人之间的相互关系，就像我们在网络欺凌的社交网络效应中看到的那样。若是了解我们的联系人实际上是谁，有助于我们避免发布可能会引发"错失恐惧症"的更新，尤其是对那些缺乏独立性和自主性的人而言。

在接下来的第四章，我把关注点直接放在更新的心理机制上。这一部分先提到了 Twitter 笑话审判，这是一个典型的网络放纵案例，即社交媒体用户在网上说出在现实世界可能不会说的话。钱伯斯玩味地幻想他的约会对象正在阅读他的机智推文，在这里我们观察到"分离想象"与"唯我主义内化"等心理现象。当我们接近这本书的结尾时，苏勒尔的理论推断的其他因素似乎更关键，即隐形感、对地位和权威的弱化。

这一章还探讨了用户对 Facebook 动态推送的强烈抗议，以及整个事件折射出的隐私悖论：社交媒体用户发现自己的更新突然被更多人可见时，会因无法控制这一切而感到沮丧。这引导我们讨论 Facebook 冰山问题，因为我们开始意识到，隐私设置只能控制数据中最不重要的那一部分。我们似乎没有考虑过在冰山之下发生了什么，因为算法将我们的注意力集中在时间线上，如果不继续不断地发布更新，看到的人就会越来越少，直至最后"隐身"。

虽然旧更新会从我们的信息流顶部消失，但它们实际上永久存在，始终可以被搜索到。我们居然不希望所有更新随着时间逐渐消失，这有些出人意料。我们不擅长预测自己在不久的将来希望保有多少隐私，又对发布在社交媒体上的涵盖了生活方方面面的更新都堆积在当下感到不适。我们如何才能既保持足够的可见度以维持社交，又保持足够的隐私以实现真正的成长？

这个主题延续到了第五章。我在这一章里探讨了媒体心理学，以及我们在网上分享的图片和视频的意义。从 Snappening 事件开始，我们看到 Snapchat "阅后即焚"的魔力如何以一种令人不安的方式被打破。"临场感"这一概念最能解释这种幻觉，即媒介营造的身临其境感让人误以为这是一种直接体验。这也帮助我们理解了在线分享照片和视频是一种心理旅行，可以借此将我们的亲朋好友带到自己身边。从这个角度看，我们不仅可以理解为什么 SnapSaved 的用户试图在违规空间内停留，还明白了为什么 Instagram 的用户要分享位置信息，带着好友云旅行。最新一代的内容分享者（如直播者）通过向观众提供原始的、未经编辑加工的、原汁原味的日常生活，来做大、做强他们的个人品牌。这种做法具有一定风险——更大的社交媒体平台可以吞并较小的社交媒体平台，在网上发布大量自己的照片来积累社交资本也隐患重重。这再次提醒我们，即使是那些颜值高的人，创作和推广自拍照也是巨大的付出。这让我们想到众多"哈莱姆摇摆舞"视频中用户的集体劳动，这为我们理解集体模因（memes）[1]的商业价值提供了独特的视角。我们注意到，一家唱片公司因为这些视频中所包含的版权内容（这部分内容本身就是对其他艺术家作品的混合剪辑）而获利，而众多业余创作者并未察觉他们在为谁创造财富。

在第六章，我们讨论了即时通信。我们首先提到国会议员韦纳发送色情私信败露事件，从而引出另一种理论——超个人沟通模型，阐明在线信息的各种特性如何被利用。我们可以通过编辑和延迟发送信息的方式，向人传达各种暗示；同时还能回避面对面交流中可能出现的面部表情和声音语调的变化，不泄露情绪。但我们无法隐藏与信息一同发送出去的时间戳，时间戳对于理解信息的含义非常重要，特别是像"戳一下"这样的空信息。我们观察了 Facebook 信息的日常发送模式，发现学生们在应该学习的时候反而在使用社交媒体，以及在深夜发送信息并不能帮助他们建立友谊。

但在 Facebook 好友之间互发的私信中，我们发现私聊中的自我暴露可以维持亲密关系，而公开分享个人

---

[1] 模因是指在文化演化中，能够被复制、传播并对人类行为产生影响的信息单位。——译者注

信息不一定能增强亲近感。或许只有在社交媒体信息营造的私密空间中，我们才能真正做自己。

但是，个人对话有时会流入公共领域。研究发现，发隐晦推文的人总的来说给人的印象较差。此外，积极的信息最好直接说出来，但负面的信息被间接表达时会赢得更多的同情。社交媒体的受众具有复杂性，在某些情境下，隐晦推文仍然有其存在的价值和意义。

这似乎解释了社交通信服务何以吸引用户，我们发现用户更喜欢它们提供的私密性和社交满足感，而社交媒体被优先用于获取信息。最后，我们探讨了以色列安全封锁期间一个在 WhatsApp 上广泛传播的谣言，这促使我们思考在紧急情况下可能面临的道德困境：我们该如何评估分享的信息是否可能对他人或社会造成伤害？

案例研究：Humdog[1]

在紧张局势中使用计算机媒介通信，巧妙地引出

---

[1] Humdog 是卡门·赫莫西略（Carmen Hermosillo）的网络别名，她是一位知名的网络评论家和艺术家。——译者注

我们的最后一个案例研究。我们将回到社交媒体刚刚兴起的那个时代，讲述赫莫西略的悲惨故事。2008年，她成为最早被记录的因互联网事件而死亡的案例之一。[②] 在她去世之前，赫莫西略在社交媒体的早期平台上非常活跃。这个早期的平台被称为"全球电子链接"（Whole Earth'Lectronic Link，简称 WELL），这个电子公告板成立于 1985 年，至今仍在运营。[③] WELL 提供了许多服务，如电子邮件和个人网页，但最为人所知的是其论坛，也被称为"会议室"。正是在这里，贯串20 世纪 80 年代中期到 90 年代初期，WELL 见证了许多我们现在非常熟悉的互联网文化的萌芽，"虚拟社区"这个概念也诞生于此。[④] 关于言论自由和在线友谊的重要性的辩论都在这里发生，各方常常意见不一、唇枪舌剑、剑拔弩张，这种现象至今仍然是计算机媒介通信的顽疾。[⑤]

WELL 的成员包括几位早期的互联网先驱，如约翰·佩里·巴洛（John Perry Barlow），还有赫莫西略。许多虚拟社区都有赫莫西略的身影，但我们最感兴趣的是她在 WELL 上的表现。

像 WELL 这样的早期虚拟社区都信仰某种理想主

义，甚至可以说它们追求一种乌托邦式意识形态。⑥
也许这种理念没有像 Facebook 以前的一个口号——
"Facebook 帮你与生活中的人建立联系并分享生活"⑦
那样被明确表述出来，但这种普遍的积极情绪在很长一
段时间内推动虚拟社区的发展。

赫莫西略是许多虚拟社区的最早参与者之一，也
是最早质疑这种理念的人之一。在 1994 年发表的一篇
文章《潘多拉的声音：赛博空间中的社区》(*Pandora's
vox: On community in cyberspace*)⑧ 中，赫莫西略开
篇就声明，她认为网上互动应该和线下互动一样，但事
实并非如此。

她接着描述了在 WELL 上发生的一些令人不安的
事件，比如婚外情和家庭纠纷在网络会议室中公开讨
论，引发持续数日的情绪宣泄式对话。

关键在于，与日常讨论不同的地方是，WELL 的
所有者决定从记录中删除这些事件。正是这种删除行为
使我们注意到高度情绪化的对话实际上增加了网站的流
量。她写道：

　　虚拟社区是一种商业企业，它与我们社会中日益

增长的非人性化趋势完美吻合：它试图将人与人之间的互动商品化，享受争议和冲突的场面，完全不在乎其背后的人性代价。

换句话说，尽管 WELL 如赫莫西略所说有一种"老式嬉皮士的氛围"，网络空间成为"一个幸福岛，人们自由地沉迷其中并展现不同个性"，现实却截然不同，其潜在的逻辑是商业化的。

同样，我们来回想一下在 WhatsApp 上传播的绑架谣言。那些打破封口令首次分享信息的人，不仅没有道德权威提醒他们这样做是违法的，他们自己也没有意识到此类行为正在为 WhatsApp 带来巨大的流量。

当人们在网络空间情绪激烈地对话时，就会创造出一种奇观，吸引和推动互联网流量。我们个人的心理困境被转化为具有商业价值的东西：我们将自己商品化了。对许多人来说，这并不是一个令人愉悦的发现，据说赫莫西略的文章在 WELL 上引起极大的震动，使她一度远离虚拟社区。

她的故事最终成为一个悲剧，我们需要深思她带给我们的讯息：我们对社交媒体的价值是什么？值得注意的是，尽管赫莫西略已经去世十多年，但她在LinkedIn[9] 上的个人页面仍然存在，仍然在为这一社交媒体平台提供内容。

数字人格

自赫莫西略发表文章以来，互联网历经巨变，但最近我再次被其思想的深刻性所触动：她指出的核心问题——心理商品化仍然存在，甚至愈演愈烈。就像我们在许多地方看到的那样——Last.FM 的用户在黑胶唱片和电脑上播放同样的音乐，以保持个人页面实时更新；Shox 上的青少年用自拍照来攀爬社交阶梯；Twitter 用户在更新中分享私密信息，以免因情境崩塌而流失粉丝。这些对我来说都触及赫莫西略强烈反对的去人性化，但更值得警惕的是更隐蔽、更普遍的问题。

2016 年美国总统选举后，许多事后分析都关注社交媒体在其中发挥的作用，而我关注最具代表性的剑桥分析公司的研究论文[10] 及其引发的争议。在这项研究[11] 中，科辛斯基、史迪威和格雷佩尔（Kosinski,

Stillwell，& Graepel，2013）想要探索的是，通过观察和分析一个人的公开行为（即他们的社交媒体活动），是否可以推测其个人特征（如人格特征、政治信仰，甚至性取向）。这项研究有超过 58 000 名美国人参与，这是一个非常庞大的数字，他们采用的方法或策略十分巧妙，又极具启示性。

如果你最近上过网，你肯定会遇到在线测验。很多流行文化已经被解析成具体问题："你的星座对应哪种冰激凌口味？"[12] "从你最喜欢的土豆菜肴推断你有过多少性伴侣。"[13] 这类问题如此普遍，以至于我们很难回忆起它们出现之前我们如何做调查了。人们似乎很喜欢填写这些测验，然后收到一堆关于自己的滑稽评价。

科辛斯基等人的研究的巧妙之处在于，他们利用类似机制吸引参与者并收集数据。团队中的一位研究者在 Facebook 上创建了 myPersonality 应用，用户可以借助应用填写人格问卷并获得个性化反馈。[14] 这与大多数心理学研究的做法不同，以往当你参与一项研究时，你很少能立刻得到个性化反馈。这一做法因而吸引了大量参与者，其结果可能比之前提到的在线测试更准确。

虽然很多在线测验是无伤大雅的玩笑，但它确实反映了社交媒体和心理测量学之间深刻但未被充分审视的关系。心理测量学试图通过测量和分类来研究心理现象（如人格问卷），其逻辑是，如果让人们填写一份有很多选项的问卷，就可以使用各种统计技术，根据他们的答案将其归类。这里存在一定程度的循环推理，就像"你选择了 X 答案是因为你是 X 类型的人吗？"，但这是几十年来心理测量理论一直存在的问题。

因此，将人格问卷数据与其他信息源关联起来是心理测量学家的主要兴趣所在，一旦可以利用社交媒体数据实现这一点，就意味着有更诱人的研究机遇。研究的下一个阶段将是：参与者完成 myPersonality 人格问卷后，可以选择向研究人员展示其 Facebook 的点赞记录。

科辛斯基等人在他们的论文中，将参与者在 Facebook 上的点赞记录与其在人格问卷（包括一些人口统计信息和智力测验）上的回答作对比，得出一些较为符合预期的结果，比如在 Facebook 上给《圣经》点赞的用户很可能是基督徒，而给"在课堂上无聊时可以做的 293 件事情"点赞的用户更可能是年轻人。

科辛斯基等人的研究还分析出一些不易被察觉的

隐秘特征，这一点引发不少争议。例如，喜欢哈雷·戴维森（Harley Davidson）[1]的被预测为智力较低，而喜欢凯西·格里芬（Kathy Griffin）[2]的被预测为男同性恋。在整篇论文中，科辛斯基等人一再强调，对泄露隐私的担忧是合理的，它会带来严峻的挑战。例如，保险公司可以对《亚当斯一家》（*The Addams Family*）[3]的粉丝发布强调安全保障的广告，因为这篇论文认为这些粉丝情绪不稳定，更容易顺从这套说辞，保险公司就可以轻易获利。

后来，人们发现这种相关性被用来定向投放政治广告，争议随即爆发，但这只是把长期以来就在眼前却被忽视的事实揭露出来而已。你在社交媒体上的所有活动都会被平台仔细审查，以便向你推送更精准的广告。再次提醒大家，我们正在讨论的已触及 Facebook 冰山

---

[1] 哈雷·戴维森是一家美国的摩托车制造公司，以生产重型摩托车而闻名。——译者注
[2] 凯西·格里芬是一位美国的喜剧演员和制片人，以其尖刻的幽默和对名人的讽刺而闻名。——译者注
[3] 《亚当斯一家》是一部美国的电视剧，原为查尔斯·亚当斯的漫画作品，后被改编成电视剧、电影和音乐剧。这个家庭的成员都是一些怪异的角色，包括吸血鬼、僵尸和各种怪物，但他们都非常友好，对人类世界的常规习俗有自己独特的理解。——译者注

的水下部分。

科辛斯基等人的研究只是从理论上阐述了如何做到这一点，剑桥分析公司则将其付诸实践。换句话说，赫莫西略曾警告过我们"心理商品化"的现象，现在还出现了更复杂的版本。你在社交媒体上的存在被简化为一种概率计算，即你点击定向投放的某条广告的可能性，这就是你被赋予的价值。

实际上，尽管这项研究引起广泛关注，但在其发表之前，Facebook 已经注册了一项从社交媒体活动中推断用户的人格特征以便更精准投放广告的专利，尽管 Facebook 声称从未使用过该技术。[15] 这种方法是否真的能改变选民的想法仍存在争议，[16] 这已经超出本书讨论的范围。我们要进一步探讨的是这种心理学模型是否站得住脚。

许多研究论文，包括科辛斯基等人的研究，都基于这样的假设，即社交媒体数据能准确反映现实生活。在一项针对俄罗斯社交媒体服务 VK（以前被称为 Vkontakt）的研究中，东琴科（D. Donchenko）等人提出一个看似无害的观点——"社交网络是现代社会结构和动态的有效映射"[17]。东琴科等人对"社会张力"这个概念感兴趣，即各种社会群体对其生活和社会环境满意或不满意的程度与其预期的差距。如果民众不满意，社会张力就会增加，可能引发抗议活动。

他们指出，关键问题在于政府缺少有效的"反馈机制"来监控社会张力。东琴科等人引用前人的研究，利用经济指标（如价格上涨和人均收入）以及衡量公众对公权力信任度和满意度的问卷调查来推算社会张力。显然，这样的推算速度缓慢。因此，如果社交媒体真的能"反映现代社会的结构"，就可以利用这些数据自动计算社会张力。

东琴科等人研究了 VK 的数据，寻找与社会张力有关的迹象。他们利用关键词搜索关于失业、腐败和通货膨胀等话题的讨论，令人惊讶的是，这个研究发现，在冬季社会张力较低，而三月后急剧增加——显然，在一年中最冷的时候，俄罗斯没有人参加抗议活动。但研究发现，在莫斯科和圣彼得堡这样的大型富裕城市，VK 的年轻用户的社会张力最高。这没有真正给我们提供洞见，东琴科等人建议进行进一步研究，这让人不禁想问：社交媒体数据真能准确地反映现实生活吗？

删除你的账号

这一观点凸显一个尴尬的问题。社交媒体的两个经常被提到的"事实"之间即使不是完全矛盾，也存在某种冲突。一方面，社交媒体能激励我们尝试各种新行为，如冰桶挑战；另一方面，它又精准地反映了我们是谁，如科辛斯基等人的 API 研究所展示的那样。这难道不矛盾吗？正如计算机媒介交流领域知名学者若泽·范迪克（José van Dijck）所说："将元数据视为人类行为的痕迹，将平台视为中立媒介的理念，与众所周知的出于商业或其他目的的数据筛选、算法操控等做法完全相悖。"[18]

我们怎样利用同一套社交媒体服务既反映又引发人们的某些心理现象？这两者肯定不能同时存在吧？回想一下第四章中布赫的论文，似乎在社交媒体上，流行的东西会变得更流行。

这个复杂的问题使我们开始思考社交媒体数据的整体状况。一味指责 Facebook[19] 和 Twitter[20] 删除大量假账号是过于轻率的行为，我们应该深入探讨社交媒体存在的其他问题。

我们永远无法知道为什么某个特定的社交媒体上的更新会被删除，但研究者记录了一些具有启示意义的模式。在最近的一项研究[21]中，米哈伊·海德（Mihály Héder）报道了在 Reddit 和其他社交媒体上的"点赞黑市"。他对"微工作"（microwork）这种现象感兴趣，即企业通过众包平台给个人支付费用，要求他们完成一些琐碎、简单的任务。这些任务可以快速完成，报酬微薄，但如果一天内完成数百个这样的任务，总收入或可抵上正常日薪。这些微工作可能包括检查网页加载是否正确，或者照片内容是否符合要求。

海德调查了一个众包平台，记录了平台上的任务。令人惊讶的是，其中大部分任务涉及各种社交媒体，包括 Reddit、Instagram、Facebook、LinkedIn、Snapchat 和 Twitter。虽然这个平台上有各种各样的任务，但最常见且预算最多的任务是在这些社交媒体上去点赞、投票、评论、发布和创建账号。海德在其报告中提到，有一个活动花费了 251.90 美元，获取了多达 2 290 个 YouTube 账号，这个价格看起来出奇便宜。问题是，你能用 2 000 多个社交媒体账号做什么？

鉴于此类众包平台数量庞大且仅调查其一，海德对自己记录的各种活动的有效性作出一些推论。海德推测，对于涉及政治事件或名人的大新闻，通过众包平台购买的"点赞"和"投票"影响有限，但在小规模场景中它们必然会有较大影响。例如，他统计出在 Reddit 上购买超过 7.7 万个赞，就能对 Reddit 上的任意一个社区产生相当大的影响。

关于评论，海德表示不清楚其目的是什么，但在 YouTube 上购买 6 万条评论足以扰乱任何对话。同样，关于在线投票，他指出除了最大的比赛外，几乎所有在线投票比赛结果都可能被众包平台偷梁换柱。最后，他注意到有数千个社交媒体账号被转手，这令人不安，会带来重大的安全隐患。

本书的关注点有些不同。回想一下，在第二章中，我们提到 Reddit 允许创建临时账号，而其他社交媒体平台通常会禁止这样做。我忘记提了，这项服务有一个限制，就是"只要你不用临时账号偷偷给自己的帖子投票"[22]。换句话说，做你想做的，但不要干扰数据。实际上，只要你的钱包够鼓，每个社交媒体上的数据均可被操纵。因此，西方社交媒体上流行的内容，或许只是金钱可购之物。

自我估值

　　社交媒体数据常常被人为地夸大或者操纵，我们很难再坚定地认为这些数据能准确地反映人类的心理状态。既然社交媒体上必定存在内容审查、假账号和被注水的数据，关键问题就变成，我们在社交媒体上的行为如何保持真实？在社交媒体上管理个人资料总让人感到疲惫，可能正是因为我们身处一个充满不确定的环境。

　　当然，我们仍然面临一个难题，即社交媒体是否影响人的心理。至此，我相信你已经明白，面对如此复杂的现象，这个问题过于简化。我们已经看到不同平台之间的差异，比如 Facebook 和 Snapchat 在社交资本积累方面的不同，以及 Instagram 和 Flickr 构建的不同的社交网络。我们还看到设计的变化所产生的心理后果，比如 Facebook 动态推送的引入和从时间排序到算法排序的转变。更重要的是，社交媒体的常见功能，如个人资料的固定性、社交圈层的封闭性、更新的可见性和共享内容的永久性，对人的心理的影响必然是多维度的。此外，考虑到我们提及的诸多已消亡的平台及仍存续（且积累多年数据）的服务并存，很难确定社交媒体对人类有什么样的长期影响。

因此，社交媒体心理学的一个关键问题是，我们是否真正理解社交媒体的运作机制。或许未来某天，当前的争议可能会催生更智能的社交媒体服务和对人类心理的更深入理解，但我们现在离这个目标还很远。

在今天的技术社会，个体管理确实依赖于特定数值指标。大多数情况下，我们的年龄、信用评级、体重指数、银行存款、考试成绩、纳税额，这些在现代官僚体系中评估个人的关键数字的计算方式都是相对透明的。相比之下，社交媒体如何评估我们的"价值"仍然是个未知数。

正因如此，我们对社交媒体的失望感可能源于我们内心深处的认知，就像赫莫西略说过的，我们正在被利用。诚然，在大部分时间，社交媒体是有趣的、令人愉悦的，但这也许是因为像许多残酷真相一样，社交媒体的本质尚未被言明。

正如之前提到的，社交媒体中存在某种囚徒困境。如果每个人都拒绝分享私人信息，这些平台就必须找到一种不依赖这些信息的运营方式。但我们有一种强烈的窥视他人隐私的欲望，也愿意以公开自己的隐私为代价。这正是隐私悖论的核心问题——我们通过自我营销来追求个人利益，但如果不这样做，我们的隐私会被保护得更好。

正因如此，我怀疑像 #deletefacebook [1] 或 #DeactiDay [2] 这样的反社交媒体抵制行动能否产生实质效果。现在有这么多人使用社交媒体，这产生了一种垄断效应，这样看来，我开篇提到的同质化特征可能会继续存在，因为目前没有可行的替代方案。

在使用这些服务时，我们都需要变得更明智，不要只会在深夜发送私信。我们数十亿人将这项技术融入日常生活，在工作和休闲之间穿梭处理多项任务，却没有人接受过使用培训。这种情况应该改变——很明显，许多国家需要更广泛、全面的数字教育。同样，政策

---

[1] #deletefacebook 是一个抵制 Facebook 的运动，起源于 2018 年，当时 Facebook 被曝出在数据隐私方面存在严重问题，包括与剑桥分析公司的数据丑闻。这个标签的目的是鼓励用户删除他们的 Facebook 账号，以抗议 Facebook 的隐私政策。——译者注

[2] 这场运动由设计师迈克·蒙泰罗（Mike Monteiro）发起，他长期批评平台运营方式。他分享了一张图片，呼吁用户"向 Twitter 表明，你不会待在一个容忍偏见和辱骂信息的地方，尤其是来自亚历克斯·琼斯（Alex Jones）的信息。"一些知名 Twitter 用户向该公司首席执行官杰克·多尔西（Jack Dorsey）发出最后通牒：要么留下我们，要么留下亚历克斯·琼斯。在推特的各个圈子里，越来越多的人把 8 月 17 日定为"进攻日"或"行动日"。——译者注

制定者必须制定更智能的监管体系，这需要更多的跨学科、具有批判性和开放性的研究。要使社交媒体运作得更好，各方皆需尽责，用户必须审慎思考他们想从中得到什么。关键点是，平台所有者不仅要关注人们如何使用社交媒体连接彼此，还要关注每个用户如何使用这些服务连接自我。

我还没提过自己是怎么开始写这本书的。大约十年前，我开始在博客上讨论 Facebook 心理学。我当时确信 Facebook 会像 Bebo 和 Friendster 一样很快消失，而这一心理学研究不过是一个有趣的项目，可能会持续一两年，然后我就可以转向其他领域了。幸好我没有把这个预测白纸黑字写下来，但正因为如此，我现在不愿对这些话题作出任何预测。

正如第一章所述，虽然社交媒体就像日记或自传，非常个人化，但它本质上是一种公共传播，就像电视或报纸。许多人关注的是后者，但我希望在结束这本书时，你能够理解社交媒体的未来同样取决于对前者的理解——社交媒体心理学。

拓展阅读

Beer, D. (2016). *Metric power*. London: Palgrave Macmillan.

Danah, B. (2014). *It's complicated: The social lives of networked teens*. New Haven, CT: Yale University Press.

Danziger, K. (1997). *Naming the mind: How psychology found its language*. London: Sage.

De Vos, J. (2013). *Psychologization and the subject of late modernity*. London: Palgrave Macmillan.

Howard, P., & Wooley, S. (Eds.) (2018). *Computational propaganda: Political parties, politicians, and political manipulation on social media*. Oxford: Oxford University

Press.

Hughes, B. (2018). *Psychology in crisis*. London: Red Globe Press.

Livingstone, S., & Blum-Ross, A. (2020). *Parenting for a digital future*. Oxford: Oxford University Press.

Marwick, A. E. (2013). *Status update: Celebrity, publicity and branding in the social media age*. New Haven, CT: Yale University Press.

Rainie, L., & Wellman, B. (2012). *Networked: The new social operating system*. Cambridge, MA: MIT Press.

Rose, N. (1989). *Governing the soul*. London: Free Association Books.

Suler, J. R. (2015). *Psychology of the digital age: Humans become electric*. Cambridge: Cambridge University Press.

Taylor, C. (1989). *Sources of the self: The making of modern identity*. Cambridge, MA: Harvard University Press.

Vaidhyanathan, S. (2018). *Antisocial media: How Facebook disconnects us and undermines democracy*.

Oxford: Oxford University Press.

Van Dijck, J. (2013). *The culture of connectivity: A critical history of social media.* Oxford: Oxford University Press.

注 释

第一章

① 关于单复数的含义，我只想说，这里讨论的是社交媒体现象及其心理影响，因此我使用的是单数形式。如果使用的是复数形式，我会用像 "social media services"（社交媒体服务）这样的短语来进一步说明。

② "在未经他人许可的情况下，更改某人在社交网站上的个人资料。" From "Frape" (2018). *Collins English dictionary*. Retrieved from www.collinsdictionary.com/dictionary/english/frape.

③ "错失恐惧症"。From "FOMO" (2018). *Collins English dictionary*. Retrieved from www.collinsdictionary.

com/dictionary/english/fomo.

第二章

① 该博客访问地址为 http://damascusgaygirl.blogspot.com/，尽管大部分帖子已被删除，但也有一些在互联网上留存。

② Arraf, A. (2011, April 26). My father, the hero. *A Gay Girl in Damascus*. Retrieved from Library of Congress Web Archive http://webarchive.loc.gov/all/20110428090825/http://damascusgaygirl.blogs pot.com/2011/04/my-father-hero.html.

③ Wilson, J. (2011, May 10). A gay girl in Damascus: Lesbian blogger becomes Syrian hero. *TIME*. Retrieved from http://newsfeed.time.com/2011/05/10/a-gay-girl-in-damascus-lesbian-blogger-becomes-syrian-hero/.

④ Marsh, K. (2011, May 6). A gay girl in Damascus becomes a heroine of the Syrian revolt. *The Guardian*. Retrieved from www.theguardian.com/world/2011/may/06/

gay-girl-damascus-syria-blog.

⑤ Flock, E. (2011, June 7). "Gay Girl in Damascus" Syrian blogger allegedly kidnapped. *The Washington Post*. Retrieved from www.washingtonpost.com/blogs/blogpost/post/gay-girl-in-damascus-syrian-blogger-allegedly-kidnapped/2011/06/07/AGIhp1KH_blog.html.

⑥ McDermott, S. (2011, June 8). From the web team–Newsnight. *BBC News*. Retrieved from www.bbc.co.uk/blogs/newsnight/fromthewebteam/2011/06/wednesday_8_june_ 2011.html.

⑦ Bell, M., & Flock, E. (2011, June 12). "A Gay Girl in Damascus" comes clean. *The Washington Post*. Retrieved from www.washingtonpost.com/lifestyle/style/a-gay-girl-in-damascus-comes-clean/2011/06/12/AGkyH0RH_story.html.

⑧ Carvin, A.［@acarvin］(2011, June 6). *Dear god– she's been kidnapped? RT @Malath Aumran: Amina Abdallah: Please read the latest post on her blog http://j.mp/j5L2dZ #Syria*. Retrieved from https://twitter.com/acarvin/status/77804332778659841.

⑨ Flock, E., & Bell, M. (2011, June 13). Tom MacMaster, the man behind "A Gay Girl in Damascus: I didn't expect the story to get so big". *The Washington Post*. Retrieved from www. washingtonpost.com/blogs/blogpost/post/tom-macmaster-the-man-behind-a-gay-girl-in-damascus-i-didnt-expect-the-story-to-get-so-big/2011/06/13/AGhnHiSH_blog.html.

⑩ MacMaster, T. (2011, June 13). Apology to readers. *A Gay Girl in Damascus*. Internet Archive's Wayback Machine https://web.archive.org/web/20110613222309/http://damascusgaygirl.blogs pot.com/.

⑪ Marwick, A. (2005, October 5—9).I'm more than just a Friendster profile: Identity, authenticity, and power in social networking services. *Association for Internet Researchers 6.0*.

⑫ Oser, K. (2004, July 21). Friendster Courts Hollywood. *Ad Age*. New York. Retrieved from http://adage.com/article/madisonvine-case-study/friendster-courts-hollywood/40663/.

⑬ Zhao, S., Grasmuck, S., & Martin, J. (2008). Identity construction on Facebook: Digital empowerment in anchored relationships. *Computers in Human Behavior, 24*(5), 1816—1836. https://doi.org/10.1016/j.chb.2008.02.012.

⑭ Uski, S., & Lampinen, A. (2016). Social norms and self-presentation on social network sites: Profile work in action. *New Media and Society, 18*(3), 447—464. https://doi.org/10.1177/1461444814543164.

⑮ Barnes, S. B. (2006). A privacy paradox: Social networking in the United States. *First Monday, 11*(9), 5. https://doi.org/10.5210/fm.v11i9.1394.

⑯ Leavitt, A. (2015). "This is a Throwaway Account": Temporary technical identities and perceptions of anonymity in a massive online community. In *Proceedings of the 18th ACM conference on computer supported cooperative work & social computing* (pp. 317—327). New York: ACM Press. https://doi.org/10.1145/2675133.2675175.

⑰ Reddit. (2018). *Frequently asked questions.* Retrieved from www.reddit.com/r/%20reddit.com/wiki/faq.

⑱ Moncur, W., Orzech, K. M., & Neville, F. G. (2016). Fraping, social norms and online representations of self. *Computers in Human Behavior, 63*, 125—131.

https://doi.org/10.1016/j.chb.2016.05.042.

⑲ Bernstein, M. S., Monroy-Hernández, A., Harry, D., André, P., Panovich, K., & Vargas, G. (2011). 4chan and/b: An analysis of anonymity and ephemerality in a large online community. In *International AAAI Conference on Web and Social Media* (pp. 50—57). Menlo Park, CA: AAAI Press.

第三章

① Levin, J. (2014, August 22). Who invented the ice bucket challenge? *Slate*. Retrieved from www.slate.com/ articles/technology/technology/2014/08/who_invented_the_ ice_bucket_challenge_a_slate_investigation.single.html.

② Sifferlin, A. (2014, August 18). Here's how the ALS ice bucket challenge actually started. *TIME*. Retrieved from http://time.com/3136507/als-ice-bucket-challenge-started/.

③ Van Ogtrop, K. (n.d.). Ever wonder how the

whole "Ice Bucket Challenge" started? *Real Simple*. Retrieved from www.realsimple.com/magazine-more/ jeanette-senerchia-ice-bucket.

④ Facebook. (2014, August 18). The ice bucket challenge on Facebook. *Facebook Newsroom*. Retrieved from https://newsroom.fb.com/news/2014/08/the-ice-bucket-challenge-on-facebook/.

⑤ Woolf, N. (2016, July 27). Remember the ice bucket challenge? It just funded an ALS breakthrough. *The Guardian*. Retrieved from www.theguardian.com/ society/2016/jul/26/ice-bucket-challenge-als-charity-gene-discovery.

⑥ Ellison, N. B., Steinfield, C., & Lampe, C. (2007). The benefits of Facebook "Friends" : Social capital and college students' use of online social network sites. *Journal of Computer-Mediated Communication, 12*(4), 1143-1168. https://doi.org/10.1111/j.1083-6101.2007.00367.x.

⑦ Piwek, L., & Joinson, A. (2016). "What do they snapchat about?" Patterns of use in time-limited instant messaging service. *Computers in Human Behavior, 54*,

358—367. https://doi.org/10.1016/j.chb.2015.08.026.

⑧ Foley, M. (2016, May 24). What is a Snapchat streak? Here's everything you need to know about Snapstreaks. *Bustle*. Retrieved from www.bustle.com/articles/162803-what-is-a-snapchat-streak-heres-everything-you-need-to-know-about-snapstreaks.

⑨ Dunbar, R. I. M. (1992). Neocortex size as a constraint on group size in primates. *Journal of Human Evolution, 22*(6), 469—493. https://doi.org/10.1016/0047-2484(92)90081-J.

⑩ Dunbar, R. I. M. (2016). Do online social media cut through the constraints that limit the size of offline social networks? *Royal Society Open Science, 3*(1), 1—9. https://doi.org/10.1098/rsos.150292.

⑪ Marwick, A. E., & Boyd, Danah. (2010). I tweet honestly, I tweet passionately: Twitter users, context collapse, and the imagined audience. *New Media and Society, 13*(1), 114—133. https://doi.org/10.1177/1461444810365313.

⑫ Festl, R., & Quandt, T. (2013). Social relations and cyberbullying: The influence of individual and structural attributes on victimization and perpetration via the internet. *Human Communication Research, 39*(1), 101—126. https://doi.org/10.1111/j.1468-2958.2012.01442.x.

⑬ Przybylski, A. K., Murayama, K., Dehaan, C. R., & Gladwell, V. (2013). Motivational, emotional, and behavioral correlates of fear of missing out. *Computers in Human Behavior, 29*(4), 1841—1848. https://doi.org/10.1016/j.chb.2013.02.014.

第四章

① Bowcott, O. (2012, July 27). Twitter joke trial: Paul Chambers wins high court appeal against conviction. *The Guardian*. Retrieved from www.theguardian.com/law/2012/jul/27/twitter-joke-trial-high-court.

② 钱伯斯的推文显然已被删除，但许多新闻报道都转载了这条推文，包括这里引用的报道。

③ Chambers, P. (2010, May 11). My tweet was silly, but the police reaction was absurd. *The Guardian*.

Retrieved from www.theguardian.com/commentisfree/libertycentral/2010/may/11/tweet-joke-criminal-record-airport.

④ Doughty, S. (2012, July 27). Accountant wins appeal against conviction for airport bomb Tweet after judge realises it was a JOKE. *The Daily Mail*. Retrieved from www.dailymail.co.uk/news/article-2179782/Twitter-joke-trial-Paul-Chambers-wins-appeal-conviction-airport-bomb-Tweet.html.

⑤ Archer, B.(2017, July 28). "Twitter joke" trial brought fairytale ending for Co Down woman. *The Irish News*. Retrieved from www.irishnews.com/news/2017/07/28/news/-twitter-joke-trial-brought-fairytale-ending-for-co-down-woman-1095302/.

⑥ Suler, J. (2004). The online disinhibition effect. *CyberPsychology and Behavior, 7*(3), 321—326. https://doi.org/10.1089/1094931041291295.

⑦ Hoadley, C. M., Xu, H., Lee, J. J., & Rosson, M. B. (2010). Privacy as information access and illusory control: The case of the Facebook News Feed privacy outcry. *Electronic Commerce Research and Applications, 9*(1), 50—60. https://doi.org/10.1016/j.elerap.2009.05.001.

⑧ Debatin, B., Lovejoy, J. P., Horn, A-K., & Hughes, B. N. (2009). Facebook and online privacy: Attitudes, behaviors, and unintended consequences. *Journal of Computer-Mediated Communication, 15*(1), 83—108. https://doi.org/10.1111/j.1083-6101.2009.01494.x.

⑨ Bucher, T. (2012). Want to be on the top? Algorithmic power and the threat of invisibility on Facebook. *New Media and Society, 14*(7), 1164—1180. https://doi.org/10.1177/1461444812440159.

⑩ Instagram. (n.d.). Feed. *Instagram Help Center*. Retrieved from https://help.instagram.com/19862346 48360433/.

⑪ LinkedIn. (n.d.). Visibility and impact of your social activity on the LinkedIn feed. *LinkedIn Help*. Retrieved from www.linkedin.com/help/linkedin/ answer/85598.

⑫ Twitter. (n.d.). About your Twitter timeline. *Twitter Help Center*. Retrieved from https://help.twitter.

com/en/using-twitter/twitter-timeline#settings.

⑬ Bauer, L., Cranor, L. F., Komanduri, S., Mazurek, M. L., Reiter, M. K., Sleeper, M., & Ur, B. (2013). The post anachronism: The temporal dimension of Facebook privacy. In *Proceedings of the 12th ACM workshop on workshop on privacy in the electronic society* (pp. 1—12). New York: ACM Press. https://doi.org/10.1145/2517840.2517859.

⑭ Brandtzaeg, P. B., & Lüders, M. (2018). Time collapse in social media: Extending the context collapse. *Social Media + Society, 4*(1), 205630511876334. https://doi.org/10.1177/2056305118763349.

第五章

① Stern, M. (2014, October 13). "The Snappening" is real: 90 000 private photos and 9 000 hacked Snapchat videos leak online. *The Daily Beast*. Retrieved from www.thedailybeast.com/articles/2014/10/13/the-snappening-is-real-90k-private -photos-and-9k-videos-hacked-andleaked-online.html.

② Kamps, H. J. (2016, March 15). Prosecutors find that "Fappening" celebrity nudes leak was not Apple's fault. *TechCrunch*. Retrieved from https://techcrunch.com/2016/03/15/prosecutors-find-that-fappening-celebrity-nudes-leak-was-not-apples-fault/.

③ Tufft, B. (2014, October 12). The Snappening. What is 4chan's latest scandal-and is the Snapchat "leak" a hoax? *The Independent*. Retrieved from www.independent.co.uk/incoming/the-snappening-what-is-4chans-latest-scandaland-is-it-really-a-hoax-9789389.html.

④ Gilbert, B. (2014, October 10). Snapchat servers "were never breached", but your snaps may still be compromised (update). *Engadget*. Retrieved from www.engadget.com/2014/10/10/snapchat-snapsave-alleged-breach/.

⑤ Vincent, J. (2014, October 13). Has Snapchat been hacked? What's SnapSaved? Your questions answered. *The Independent*. Retrieved from www.independent.co.uk/life-style/gadgets-and-tech/

the-snappening-has-snapchat-been-hacked-whats-snapsaved-your-questions-answered-9790658.html.

⑥ Lombard, M. & Ditton, T. (1997). At the heart of it all: The concept of presence. *Journal of Computer-Mediated Communication, 3*(2), 1—23. https://doi.org/10.1111/j.1083-6101.1997.tb00072.x.

⑦ Manikonda, L., Hu, Y., & Kambhampati, S. (2014). *Analyzing user activities, demographics, social network structure and user-generated content on Instagram*. Retrieved from http://arxiv.org/abs/1410.8099.

⑧ Tang, J. C., Venolia, G., & Inkpen, K. M. (2016). Meerkat and Periscope. In *Proceedings of the 2016 CHI conference on human factors in computing systems* (pp. 4770—4780). New York: ACM Press. https://doi.org/10.1145/2858036.2858374.

⑨ Tang et al., (2016), p. 4777.

⑩ Mlot, S. (2016, October 3). Streaming app Meerkat is officially dead. *PC Mag*. Retrieved from www.pcmag.com/news/348393/streaming-app-meerkat-is-officially-dead.

⑪ Schwarz, O. (2010). On friendship, boobs and the logic of the catalogue: Online self-portraits as a means for the exchange of capital. *Convergence: The International Journal of Research into New Media Technologies, 16*(2), 163—183. https://doi.org/10.1177/1354856509357582.

⑫ Soha, M., & McDowell, Z. J. (2016). Monetizing a meme: YouTube, Content ID, and the Harlem Shake. *Social Media + Society, 2*(1), 1—12. https://doi.org/10.1177/2056305115623801.

⑬ Wagner, K. (2017, April 27). Facebook will let video creators make money when people pirate their videos. *Recode*. Retrieved from www.recode.net/2017/4/27/15459204/facebook-video-rights-revenue-pirate.

第六章

① Jacobson, M. (2009, May 3). Anthony and the giant. *New York Magazine*. Retrieved from http://nymag.

com/news/politics/56440/.

② Cordova, G. N. (2011, June 2). My statement on Anthony Weiner and the lewd photo tweet. *The Guardian*. Retrieved from www.theguardian.com/commentisfree/cifamerica/2011/jun/02/twitter-photo-anthony-weiner.

③ Parker, A., & Barbaro, M. (2011, June 8). In reckless fashion, rapid online pursuits of political admirers. *The New York Times*. Retrieved from www.nytimes.com/2011/06/09/nyregion/weiners-pattern-turning-political-admirers-into-online-pursuits.html.

④ Salvatore, P. J. (2011, May 28). Weinergate. Congressman claims "Facebook Hacked" as lewd photo hits Twitter. *Breitbart*. Retrieved from www.breitbart.com/big-journalism/2011/05/28/weinergate-congressman-claims-facebook-hacked-as-lewd-photo-hits-twitter-2/.

⑤ Ehrlich, B. (2011, June 3). Yfrog says it wasn't compromised in wake of Weiner photo. *Mashable*. Retrieved from https://mashable.com/2011/06/03/yfrog-email-upload/.

⑥ Dorsey, J. (2011, June 1). Search+photos. *Twitter Blog*. Retrieved from https://blog.twitter.com/

official/en_us/a/2011/searchphotos.html.

⑦ Casarez, J. (2017, November 6). Anthony Weiner reports to prison. *CNN*. Retrieved from https://edition.cnn.com/2017/11/06/us/weiner-reports-to-prison/index.html.

⑧ Walther, J. B. (2007). Selective self-presentation in computer-mediated communication: Hyperpersonal dimensions of technology, language, and cognition. *Computers in Human Behavior, 23*(5), 2538—2557. https://doi.org/10.1016/j.chb.2006.05.002.

⑨ Golder, S. A., Wilkinson, D. M., & Huberman, B. A. (2007). Rhythms of social interaction: Messaging within a massive online network. In *Communities and technologies 2007* (pp. 41—66). London: Springer. https://doi.org/10.1007/978-1-84628-905-7-3.

⑩ "邓巴数"的平均值为180，但中位数为144，这是由于少数用户拥有大量好友造成的差异。

⑪ Utz, S. (2015). The function of self-disclosure on social network sites: Not only intimate, but also positive and entertaining self-disclosures increase the feeling of connection. *Computers in Human Behavior,*

45, 1—10. https://doi.org/10.1016/j.chb.2014.11.076.

⑫ Edwards, A., & Harris, C. J. (2016, August). To tweet or "subtweet"? Impacts of social networking post directness and valence on interpersonal impressions. *Computers in Human Behavior, 63*, 304—310. https://doi.org/10.1016/j.chb.2016.05.050.

⑬ Gan, C., & Wang, W. (2015). Uses and gratifi-cations of social media: A comparison of microblog and WeChat. *Journal of Systems and Information Technology, 17*(4), 351—363. https://doi.org/10.1108/JSIT-06-2015-0052.

⑭ Simon, T., Goldberg, A., Leykin, D., & Adini, B. (2016). Kidnapping WhatsApp–rumors during the search and rescue operation of three kidnapped youth. *Computers in Human Behavior, 64*, 183—190. https://doi.org/10.1016/j.chb.2016.06.058.

第七章

① 意思是"太长，没读"。From "tl; dr" (2018). *Collins*

English dictionary. Retrieved from www.collinsdictionary. com/dictionary/english/tl-dr.

② 虽然没有正式自杀记录，但她身边的人声称她死于"被动自杀"，因为她似乎在死前停止了服用关键药物。见 Meadows, M. S., & Ludlow, P. (2009, September 2). A virtual life: An actual death. *h+Magazine*. Retrieved from http://hplusmagazine.com/2009/09/02/virtual-life-actual-death/.

③ Well.com. (n.d.). What is The WELL? *The WELL*. Emeryville CA: The Well Group, Inc. Retrieved from https://www.well.com/about-2/.

④ Well.com. (n.d.).

⑤ Rheingold, H. (1993). *The virtual community: Homesteading on the electronic frontier*. Reading, MA: Addison-Wesley.

⑥ Turner, F. (2005). Where the counterculture met the new economy: The WELL and the origins of virtual community. *Technology and Culture, 46*(3), 485—512. https://doi.org/10.1353/tech.2005.0154.

⑦ 从 2008 年左右到 2012 年左右，这是 Facebook

主页上的标语。（见 https://web.archive.org/web/_200812 26230545/www.facebook.com/and https://web.archive. org/web/20121231135906/_www.facebook.com/）。

⑧ Humdog. (1996). Pandora's vox: On community in cyberspace. In P. Ludlow (Ed.), *High noon on the electronic frontier: Conceptual issues in cyberspace* (pp. 437—444). Cambridge, MA: MIT Press.

⑨ Carmen Hermosillo. (n.d.). [LinkedIn profile page] Retrieved from www.linkedin.com/in/carmen-hermosillo-373a303/.

⑩ Cadwalladr, C., & Graham-Harrison, E. (2018, March 25). How Cambridge Analytica turned Facebook "likes" into a lucrative political tool. *The Guardian*. Retrieved from www.theguardian.com/technology/2018/ mar/17/facebook-cambridge-analyticakogan-data-algorithm.

⑪ Kosinski, M., Stillwell, D., & Graepel, T. (2013). Private traits and attributes are predictable from digital records of human behavior. *Proceedings of the National Academy of Sciences of the United States of*

America, 110(15), 5802—5805. https://doi.org/10.1073/pnas.1218772110.

⑫ Borns, J. (2015, September 21). What's your Zodiac sign's ice cream flavor? *Buzzfeed*. Retrieved from www.buzzfeed.com/joannaborns/ice-cream-flavor-zodiac-sign.

⑬ Michonneau, P., & Padjemi, J. (2018, June 8). We know how many sexual partners you've had based on your favorite potato dish. *Buzzfeed*. Retrieved from www.buzzfeed.com/bullo/the-potato-knows-all.

⑭ The Psychometrics Centre. (n.d.). *MyPersonality database*. Cambridge Judge Business School, University of Cambridge. Retrieved from www.psychometrics.cam.ac.uk/productsservices/mypersonality.

⑮ Cellan-Jones, R. (2018, April 24). Facebook explored unpicking personalities to target ads. *BBC News*. Retrieved www.bbc.com/news/technology-43869911.

⑯ Eckles, D., Gordon, B. R., & Johnson, G. A. (2018). Field studies of psychologically targeted ads face threats to internal validity. *Proceedings of the National Academy of Sciences, 1*(C), 201805363. https://

doi.org/10.1073/pnas.1805363115.

⑰ Donchenko, D., Ovchar, N., Sadovnikova, N., Parygin, D., Shabalina, O., & Ather, D. (2017). Analysis of comments of users of social networks to assess the level of social tension. *Procedia Computer Science, 119*, 359—367. https://doi.org/10.1016/j.procs.2017.11.195.

⑱ Van Dijck, J. (2014). Datafication, dataism and dataveillance: Big Data between scientific paradigm and ideology. *Surveillance and Society, 12*(2), 197—208. https://doi.org/10.24908/ss.v12i2.4776.

⑲ Wagner, K., & Molla, R. (2018, May 15). Facebook has disabled almost 1.3 billion fake accounts over the past six months. *Recode*. Retrieved from www. recode.net/2018/5/15/17349790/facebook-mark-zucker berg-fake-accounts -content-policy-update.

⑳ Timberg, C., & Dwoskin, E. (2018, July 6). Twitter is sweeping out fake accounts like never before, putting user growth at risk. *The Washington Post*. Retrieved from www.washingtonpost.com/technology/2018/07/06/ twitter-is-sweeping-out-fakeaccounts-like-never-beforeputting-user-growth-risk/.

㉑ Héder, M. (2018). A black market for upvotes and likes. Retrieved from http://arxiv.org/abs/1803.07029.

㉒ Reddit. (2018). Frequently asked questions. *Reddit*. Retrieved from www.reddit.com/r/%20reddit. com/wiki/fag.

图书在版编目（CIP）数据

社交媒体心理学 / （英）卡兰·麦克马洪著；陈丽译. — 上海：上海教育出版社，2024. 12. — （万物心理学书系）. — ISBN 978-7-5720-3146-5

Ⅰ. C912.11

中国国家版本馆CIP数据核字第2024W3Q590号

The Psychology of Social Media 1st Edition / By Ciarán Mc Mahon / ISBN：978-1-138-04775-4

上海市版权局著作权合同登记号 图字09-2024-0826号

责任编辑　金亚静　林　婷
整体设计　施雅文

社交媒体心理学
（英）卡兰·麦克马洪　著
陈丽　译

出版发行	上海教育出版社有限公司	
官　网	www.seph.com.cn	
地　址	上海市闵行区号景路159弄C座	
邮　编	201101	
印　刷	上海昌鑫龙印务有限公司	
开　本	787×1092　1/32　印张 5.375	
字　数	89 千字	
版　次	2025年3月第1版	
印　次	2025年3月第1次印刷	
书　号	ISBN 978-7-5720-3146-5/B·0079	
定　价	48.00 元	

如发现质量问题，读者可向本社调换　电话：021-64373213